Manfred Elsässer

Mensch und Christ

Gedichte

FRIELING

Bibliografische Information der Deutschen Nationalbibliothek
Die Deutsche Nationalbibliothek verzeichnet diese Publikation in der Deutschen Nationalbibliografie;
detaillierte bibliografische Daten sind im Internet über http://dnb.d-nb.de abrufbar.

Eine Marke der Frieling & Huffmann GmbH & Co. KG
Rheinstraße 46, 12161 Berlin
Telefon: 0 30 / 76 69 99-0
www.frieling.de

ISBN 978-3-8280-3513-3
1. Auflage 2020
Auch als E-Book erhältlich (ISBN 978-3-8280-3514-0).
Umschlaggestaltung: Michael Reichmuh
Bildnachweis: pixabay / msandersmusic

Printed in Germany

Einteilung

1. Als Mensch

a) Mein Leben auf der Welt begann.
Ich war ein Junge, wurde Mann.

b) Empfunden hab' in meiner Zeit
ich manchmal Glück und oftmals Leid.

c) Es lebt kein Mensch für sich allein.
Man muss auch in Gemeinschaft sein.

d) Als Deutscher gebe ich bekannt:
Ich liebe auch mein Vaterland.

e) Ich bin politisch int'ressiert
für das, was in der Welt passiert.

f) Ich lebte wohl in Deutschland meist,
doch hab ich auch die Welt bereist.

2. Als Christ

a) Ein Christ gibt zwar auf Menschen acht,
doch steht er unter Gottes Macht.

b) Als Christ erkennt man immer an,
dass Gott von uns auch fordern kann.

c) Ein Christ kennt Gottes Strafgericht,
doch fürchtet er sich davor nicht.

d) Ein Christ ist, wer auf Jesus schaut
und dem, was Er getan, vertraut.

e) Ein Christ nimmt ernst: einst findet statt,
was Jesus uns verheißen hat.

f) Ein jeder Christ, von Gott erwählt,
zu Seiner wahren Kirche zählt.

Inhaltsverzeichnis

Danksagung

Wie schon bei meinen vorherigen Büchern begann Frau Mahlmeister aus Lichtentanne, die ihr von mir übergebenen handgeschriebenen Verse in gut computergeschriebene zu übertragen. Leider erkrankte sie dann. Frau Elfmann aus Zwickau hat mit gleicher Begeisterung und Aufmerksamkeit dieses Werk fortgeführt. Beiden Frauen gilt mein herzlicher Dank. Außerdem haben mich wieder viele Menschen zum Dichten angeregt, die ich unmöglich alle aufzählen kann. Sicher werden sich einige beim Lesen wiedererkennen, auch wenn sie nicht namentlich genannt sind.

Vorwort

„Mensch und Christ" – das ist nicht nur der Titel dieses Buches, sondern das gilt für mein gesamtes Dichten, für mein Reden und Schreiben, für mein Leben insgesamt.

Dabei bedeutet Menschsein für mich nicht nur, einmal als Mensch geboren zu sein, sondern gut menschlich zu denken, zu fühlen, zu reden und zu handeln. Darüber hinaus gibt für mich das Christsein dem Menschsein seine wahre Bestimmung und seinen höchsten Wert. Rechtes Christsein ist allerdings für mich nicht identisch mit der Zugehörigkeit zu einer sich christlich nennenden Gemeinschaft, sondern es bedeutet, in enger Gemeinschaft mit Jesus Christus zu leben. Wenn dazu meine Bücher Hilfestellung geben, ist das für mich ein wundervoller Lohn all meiner poetischen Arbeit und aller damit verbundenen Belastungen.

Der große Unterschied

Es sprach mal eine Frau zu mir:
„Ich hab wohl was verpasst,
denn etwas spüre ich an Dir,
das Du als Mann wohl hast.“

Da habe ich bei mir gedacht:
Was ist es, das sie quält?
Sie meint, dass das mich glücklich macht,
was scheinbar bei ihr fehlt.

Ich wies sie deshalb darauf hin,
dass dies nur wichtig ist,
nicht dass sie Frau ist, Mann ich bin,
vielmehr ob man ein Christ.

Entscheidend ist, ein Mensch zu sein,
egal ob Frau, ob Mann,
der weiß, dass ihn nur Gott allein
durch Christus retten kann.

Entscheidend ist der Unterschied,
wenn Jesus hält Gericht,
ob Gottes Ewigkeit man sieht,
wenn er das Urteil spricht.

Logische Folgen

Als einst in unserm Vaterland
der Glauben immer mehr verschwand,
nahm bald das Unrecht überhand,
das sich in unserm Lande fand.

Doch dabei ist es nicht viel wert,
wenn man darüber sich beschwert,
doch ist es nötig, dass man lehrt,
dass sich das Volk zu Gott bekehrt.

Denn das, was Gott am Menschen tut,
das ist in jedem Falle gut.
Er macht zu Nächstenliebe Mut,
auf der dann auch Sein Segen ruht.

Gewiss wird nicht mit einem Mal
das Leben hier dann ideal,
doch mindert sich dann deren Zahl,
die anderen bereiten Qual.

Drum fangt nach Gott zu fragen an!
Das nützt auf Erden jedermann;
und Gott wird dem es lohnen dann,
der in Sein Reich dann kommen kann.

Ostseekreuzfahrt

Da ich noch nie in frühern Jahren
die Ostsee bin entlanggefahren,
drum wollte ich in meinem Leben
mich mal auf Kreuzfahrt da begeben
und bin, um das gut hinzukriegen,
in Warnemünde eingestiegen.

Der Landgang sollte dann beginnen
in Helsinki dort bei den Finnen.
Man freut sich in Europas Norden,
dass man von Russland frei geworden
und dass man hat als Finnlands Zierde
Sibelius, der komponierte.

Sankt Petersburg ich dann erschaute,
das einst der große Peter baute.
Sehr vieles ist hier wirklich prächtig,
und so erfreute es mich mächtig,
was ich in dieser Stadt gesehen
und wichtig war fürs Weltgeschehen.

Als Nächstes ankerten im Festland
wir in dem wunderschönen Estland
und waren dort in diesem Fall in
der Esten tollen Hauptstadt Tallinn.
Ich fühlte mich als Gast in dieser
als ein Die-schöne-Welt-Genießer.

Als Stadt ich Kopenhagen kannte
aus Streichen von der Olsenbande.
Nun kann ich sie mit dem vergleichen,
was ich schon weiß aus Egons Streichen.
Zu sehen viele der Gebäude,
das war mir wirklich eine Freude.

An Margot

Du sollst noch lange leben bleiben!
Ich brauche Dich zum Kartenschreiben.
Sehr viele hier herum noch liegen.
Du kannst noch viele davon kriegen.
Sonst müsste ich sie wohl vernichten,
statt zu versenden mit Gedichten.
Das wäre schlecht wohl für uns beide,
weshalb ich lieber es vermeide.

An eine fremde Dame

Es ist bei ihr dies abzulesen:
Sie ist mit mir vom gleichen Wesen;
doch gibt es einen tiefen Graben,
den zwischen uns wir beide haben.

Und keine Brücke ist zu finden,
dass ich ihn könnte überwinden,
und einfach ihn zu überspringen,
das könnte niemals mir gelingen.

Wir müssten, statt dies zu beklagen,
in nächster Zeit es ernsthaft wagen,
mit optimistischem Vertrauen
uns eine Brücke selbst zu bauen.

Doch muss ich realistisch sehen:
Das wird wohl niemals so geschehen.
Ich muss bei alledem wohl fliehen
in Wünsche und in Phantasien.

Und doch muss es nicht tragisch enden,
denn dieses soll man stets bedenken:
Gott hält ja alles in den Händen
und kann es uns zum Guten lenken.

Frommer Wunsch

Jesus, lass es mir gelingen,
vielen nahe es zu bringen,
was allein sie kann erretten,
dass sie Dich als Heiland hätten
und im Glauben sie dann haben
die von Dir geschenkten Gaben,
der Du kamst, um hier durch Leiden
volles Heil uns zu bereiten,
dass durch Dich man kann verkünden
die Vergebung unsrer Sünden,
die für uns Du hast erworben,
als am Kreuz Du bist gestorben,
der Du durch Dein Auferstehen,
das zu Ostern ist geschehen,
uns die Hoffnung hast gegeben,
ewig auch mit Dir zu leben,
der Du uns vorangegangen,
dass auch wir dereinst erlangen,
ohne irgendwelches Grauen
Gottes Herrlichkeit zu schauen.

Doping-Erkenntnisse

Als ich einmal in Leipzig war,
da ging ich auch in eine Bar.
Ich hatte dort Verzehr im Sinn,
und darum setzte ich mich hin
und ließ bei einem Gläschen Wein
es mir so recht gemütlich sein.
Jedoch auf einmal trat ein Mann
zu mir an meinen Tisch heran.
Nachdem er sich da hingesetzt,
hab ich auch bald mit ihm geschwätzt,
und dabei fiel so manches Wort
auch über Leichtathletik-Sport.
Ich fragte ihn, worauf beruht
denn, dass die Russen sind so gut,
so wie sie das auch früher schon
zu Zeiten der Sowjetunion.
Erreichen sie denn dieses Ziel,
weil immer sie trainieren viel?
Dass Training stets ganz früh beginnt,
sodass man später dann gewinnt?
Ist wirklich ein so großer Fleiß
bei ihnen des Erfolges Preis?

Da schaute er mich traurig an
und sagte diese Worte dann:
„Dass man als Sieger Russen lobt,
hat oft den Grund: Sie sind gedopt.
Sie nehmen oft Substanzen ein,
um schneller, kräftiger zu sein
als der, der, wie man hat bestimmt,
nicht die verbot'nen Mittel nimmt."

Und dass er recht gesagt hat, dies
sich als die Wahrheit dann erwies,
als zweifelsfrei entdeckt man hat:
Oft fand bei Russen Doping statt.

Drum schloss man dann die Russen aus
und sagte ihnen: Bleibt zu Haus,
wenn künftig alle andern wir
versammeln uns zu dem Turnier.

Ausweg aus der Verdrossenheit

Warum sind viele so verdrossen,
obwohl an Geld und Gut nichts fehlt?
Man hat vor Gott sein Herz verschlossen,
das ist der Mangel, welcher quält.

Man will ja nicht darauf verzichten,
dass alles selber man bestimmt.
Doch wird nach mir sich alles richten,
dass es gewünschtes Ende nimmt?

Wenn Menschen auf sich selbst nur schauen,
dann macht sich Angst im Herzen breit.
Dagegen hilft nur Gottvertrauen,
weil das von aller Angst befreit.

Gott gibt, was nötig ist auf Erden,
mir als ein Vater, der mich liebt,
und lässt mir auch zum Segen werden
das Leid, das in der Welt es gibt.

In dieser Welt wir es auch spüren,
dass alle Menschen Sünder sind.
Wohin wird uns das einmal führen,
wenn Gott mit dem Gericht beginnt?

Wir können uns nicht selber retten,
Verderben gäb's für jedermann,
wenn wir nicht Gott im Himmel hätten,
der retten will und retten kann.

In Christus ist das Heil gekommen,
der unsre Schuld getragen hat,
die Strafe hat auf sich genommen.
Durch Ihn fand die Versöhnung statt.

Von Ihm kann man sich retten lassen,
das annehmen, was Er vollbracht,
die ausgestreckte Hand erfassen;
das ist es, was uns selig macht.

So kann ein Christ auf Erden leben
durch Schwachheit, doch in Heiterkeit,
denn Christus hat die Schuld vergeben
und hält das Heil für uns bereit.

Mensch, Technik und Gott

Der heut'ge Mensch die Technik schätzt,
die in die Lage ihn versetzt,
dass er auf einen Punkt nur drückt
und alles, was er will, ihm glückt.

Und diese Haltung wendet man
auch bei den andern Menschen an.
Der andre ist nur dazu gut,
dass das stets, was ich will, er tut.

Doch weil dem andern nicht gefällt,
wenn sich ein Mensch stets so verhält,
gibt es auf Erden so viel Streit,
und viele dulden großes Leid.

Und auch so manches Ehepaar,
das früher scheinbar glücklich war,
stellt dann nach ein paar Jahren fest,
dass man sich lieber scheiden lässt.

Doch schlimmer noch ein Mensch jetzt irrt,
wenn Gott auch so behandelt wird,
wenn sich der Mensch da bildet ein:
auch Gott muss nur gehorsam sein.

Denn wie die Bibel uns belehrt,
ist es gerade umgekehrt.
Gott ist der Herr, der Mensch Sein Knecht.
Gott hat auf den Gehorsam Recht.

Gott ist allmächtig, es ist nur
der Mensch des Schöpfers Kreatur,
und klug ist der, der nicht vergisst,
dass er zu Dank verpflichtet ist,

weil Gott ihm so viel Gutes gibt,
weil Er ihn wie ein Vater liebt
und ihm hält in der Ewigkeit
dann so viel Schönes halt bereit.

Merkwürdige Europäer

Ein Lied kann bei Litauern dauern,
wenn hinter Mauern Bauern lauern.
Bei diesen Resten aus dem Westen:
die besten testen da die Esten.
Wir wetten, dass die netten Letten
noch viele der Buletten hätten.
Sind draußen auf den Zinnen Spinnen,
die Finnen drinnen meist gewinnen.
Die Schweden reden über jeden,
wenn mal die Blöden Kröten töten.
Den miesen Tee wir noch versüßen,
dass Friesen diesen dann genießen.
Die unter Briten einst gelitten,
am Dritten uns um Schnitten bitten.
Franzosen mit den großen Hosen
verlosen die famosen Soßen.
In Baden Staaten jetzt beraten,
wann die Kroaten Schaden taten.
Verstohlen hört man die Parolen,
dass noch die Polen Kohlen holen.
Die Dänen mit den langen Mähnen
sich nach mondänen Kähnen sehnen.

Christliche Grundwahrheiten

Sehr wichtig ist, dass recht man kennt
den, den man Jesus Christus nennt;
denn Er war Mensch zwar als Person,
doch ebenso auch Gottes Sohn.
Es sei auch immer recht bedacht
das Werk, das Jesus hat vollbracht,
denn nur durch Seinen Kreuzestod
gibt es das Gnadenangebot.
Wer das verwirft, besteht dann nicht,
wenn Christus hält das Weltgericht,
denn keiner ist als Mensch so gut,
dass stets er Gottes Willen tut.
Es findet nicht Verdammnis statt,
wem Er die Schuld vergeben hat,
man hat vielmehr an dem dann teil,
was Christus uns erwarb als Heil.
Denn so, wie Jesus es versprach,
folgt er dem Auferstandnen nach,
der sich im Glauben so verhält,
wie Jesus Christus das gefällt.
Da lebt man dann für alle Zeit
bei Gott in Seiner Herrlichkeit
und freut sich immer dann daran,
was Gott uns dort bereiten kann.
Damit man solchen Glauben schafft,
gibt dazu Gottes Geist die Kraft.
Er treibt uns auch zu Liebe an,
wirkt, dass man überwinden kann.

Ex-Stasi-Leute

Bei Stasi-Leuten gilt für jeden:
Ist die Vergangenheit auch klar,
sie dürfen nicht darüber reden,
von dem, was früher einmal war.

Es gilt ein fürchterliches Schweigen
von dem, was früher einmal schlecht.
Sie müssen immer so sich zeigen,
als hätten sie auch damals recht.

So kann man ihnen nicht vergeben,
weil keiner sich zu Schuld bekennt.
Ob sie es trotzdem noch erleben,
was man die Gnade Gottes nennt?

Wer jemand kennt, der kann nur hoffen,
dass da ein Wunder noch geschieht.
Gott hält die Gnadenarme offen,
dass doch Er in Sein Reich sie zieht.

Positives Christentum

Heißt das Christsein oft verzichten
auf viel Schönes in der Welt
deshalb, weil Gott hart wird richten
den, der Sein Gebot nicht hält?

Christsein heißt, befreit zu leben
von der alten Sünden Last.
Gott hat Dir schon längst vergeben,
wo Du Schuld begangen hast.

Christsein heißt, nicht stets zu denken:
Was bringt wo mir Vorteil ein?
Gott will Dir, was nötig, schenken.
Du kannst frei von Sorgen sein.

Christsein, das heißt voll vertrauen
stets auf Christus, seinen Hirt,
und das schöne Ziel zu schauen,
zu dem Er uns führen wird.

Denn dort wird Er herrlich lohnen
alles unser Erdenleid.
Man wird immer bei Ihm wohnen
dort in Seiner Ewigkeit.

Frau Elfmann und der Fußball

Da die Frau Elfmann ich gut kenne
und einen lieben Menschen nenne,
kann ich bei dieser Frau es wagen,
zu ihr das Folgende zu sagen:

Bekannt ist jetzt beim Fußball vielen,
dass elf Mann gegen elf Mann spielen,
doch wissen die, die Fernseh'n schauen,
es spielen manchmal auch elf Frauen.

Doch muss bei ihnen es daneben
stets einen Schiedsrichter auch geben,
damit das Spiel sie so gestalten,
dass sie nach Regeln sich verhalten.

Und sollte mal ein Foul geschehen,
dann muss der Schiedsrichter d'rauf sehen,
dass, wo ein Vorteil ist genommen,
stets einen Freistoß sie bekommen.

So müssen stets, um Streit zu schlichten,
sich elf Mann nach dem zwölften richten;
doch für Frau Elfmann kann im Leben
als zwölften Mann es Gott nur geben.

Siegeshymne

Ich sage jetzt zu denen allen,
die über mich einst hergefallen:
Vergeblich war, was einst geschehen,
es musste in die Hose gehen.

Denn Christus stand an meiner Seite,
darum ward euer Plan zur Pleite,
denn gegen Christus zu gewinnen,
ist ein vergebliches Beginnen.

Vernichtet hat am Ostertage
die Feinde Er mit einem Schlage,
Ihm ist es da sogar gelungen,
dass Er des Todes Macht bezwungen.

Nun wird, egal, was Menschen treiben,
am Ende Christus Sieger bleiben:
an dem wird stets Er Anteil geben
all denen, die als Christen leben.

Vom Ruhestand

Merkt man auch manchmal mit Verdruss,
dass stets man älter werden muss,
so hat es mancher doch erkannt:
Das Schönste ist der Ruhestand.

So mancher Ärger bleibt dir fern.
Dich haben plötzlich alle gern;
auch der, der Böses einst betrieb,
hat Dich dann scheinbar plötzlich lieb.

Du gehst nur, wo Du willst, noch hin,
machst das nur, was für Dich von Sinn,
zur Hilfe bist Du zwar bereit,
doch hast Du auch für Hobbys Zeit.

So merkst Du dann so manches Mal:
Der Ruhestand ist ideal.
Nur manches Mal passiert es doch,
dass Du Dich fragst: Wie lange noch?

Leiden, Christus und ich

Muss ich auch manches Leiden tragen,
an welchem ich nicht schuldig bin,
so will ich nicht darüber klagen,
ich weise dann auf Christus hin.

Er, der vom Himmel ist gekommen,
dem keine Sünde war bewusst,
hat aller Schuld auf sich genommen
und dafür leiden hat gemusst.

Doch als Sein Tod am Kreuz geschehen,
geschah nach der Dreitagesfrist,
dass Er aus ihm konnt' auferstehen
und ewig jetzt im Himmel ist.

Weil meine Taufe stattgefunden,
ich mich Ihm gläubig anvertraut,
bin ich ganz fest mit Ihm verbunden,
noch mehr als Bräutigam und Braut.

So will das Leiden ich nicht scheuen,
weil es mich nimmermehr erbost,
will auf die Ewigkeit mich freuen
und den für dort versproch'nen Trost.

An den Papst Franziskus

Bei diesen vielen Missbrauchsfällen,
die jetzt doch allen offenbar,
muss man sich wohl die Frage stellen,
was da des Übels Wurzel war.

Es steckt in jedem Mann ein Sehnen,
dass man ihn körperlich beglückt,
und keiner soll sich glücklich wähnen,
der immer das nur unterdrückt.

Drum, Papst, erlaubt dem Priester Ehe,
dass da kein Unheil mehr geschieht,
dass auch bei diesem es geschehe,
dass es zu seiner Frau ihn zieht.

Zur Ausländerproblematik

Wenn sich jetzt von vielen Enden
Ausländer nach Deutschland wenden,
sollten die, die uns verwalten,
sich am besten so verhalten:

Wollen, wie bei uns die meisten,
Fremde hier gut Arbeit leisten,
sollten Deutsche als die Ihren
möglichst bald sie integrieren,
dass sie dann, von Dank getrieben,
Deutschland und die Deutschen lieben
und als Bürger hier die Pflichten
so dann wie auch wir verrichten.

Haben sie sich herbegeben,
um hier schön und leicht zu leben,
und uns gar als Deutsche hassen,
soll man sie ins Land nicht lassen.

Ist es ihnen schon gelungen,
dass sie bei uns eingedrungen,
soll man Möglichkeiten finden,
dass sie wieder schnell verschwinden.

Statt auf unser Geld zu sehen,
gar Verbrechen zu begehen,
sollten sie in ihren Ländern
möglichst viel zum Guten ändern.

Bekenntnis eines einsamen Mannes

Obwohl auch ich nach Ehe strebte,
bin ich und lebe ich allein,
und so, wie ich bis heute lebte,
wird es wohl bis zum Ende sein.

Ich kann zwar oft nach Frauen schauen
und die, die schön sind, gern ich seh,
leider schaut keine von den Frauen
auf mich, und das tut mir sehr weh.

Sie wollen allesamt nur Helden
und haben solche nur im Sinn.
Ich hab bei ihnen nichts zu melden,
weil ich ein solcher Held nicht bin.

So will ich denn ins Herz mir schreiben,
dass es auch ohne Frauen geht.
Ich werde immer ledig bleiben,
so lange noch die Welt besteht.

Doch wenn auch Frauen vor mir fliehen,
wenn keine kommt mir wirklich nah,
geschieht in meinen Fantasien,
dass manche ich als meine sah.

Dem Ehepaar M. gewidmet

Es kann in dieser Welt geschehen,
dass die, die ihren Mann recht liebt,
an ihm kann gute Dinge sehen,
die es bei diesem doch auch gibt.

Und wenn die beiden recht das spüren
und aneinander das gefällt,
kann das zu einer Ehe führen,
die über fünfzig Jahre hält.

Homosexuelle Paare und christlicher Glaube

Wenn heute sich ein schwules Paar
von mir wollt' lassen kirchlich trauen,
dann machte ich den beiden klar:
Lasst uns auch da auf Jesus schauen!

Er wies da auf die Schöpfung hin.
Gott schuf bei Menschen zwei Geschlechter;
und das hat bei ihm diesen Sinn:
Es hat auf eine Ehe Recht er.

Bei Mann und Frau dann findet statt,
dass sie besondre Einheit werden,
weil Gott es so geordnet hat,
dass dies geschehen kann auf Erden.

Bei Schwulen oder Lesben kann
das nie auf Erden so geschehen,
drum rührt nicht Gottes Ordnung an,
denn sonst kann Unheil nur entstehen.

Entscheidend ist nicht, was erlaubt,
weil es der Staat mal so beschlossen,
wer recht an Gott, an Christus glaubt,
hält an Sein Wort sich unverdrossen.

Ich werde Schwule, Lesben nie
als Schlechte zu verachten wagen,
doch möchte ich ganz einfach sie
mit solchen klaren Worten fragen:

Warum wollt ihr den einen Tag
besonders feierlich gestalten?
Wer wirklich Gottes Segen mag,
kann jeden Sonntag ihn erhalten.

PS:
Wenn es sich nur um Menschen dreht,
dann dürfen Homos ruhig siegen.
Doch da, wo es um Jesus geht,
da dürfen niemals Recht sie kriegen.

Unser Lebenslauf

Wir Deutschen schon seit Langem reden
von eines Menschen Lebenslauf.
Geburt heißt da der Start für jeden.
Doch wo hört dieses Laufen auf?

Will man mit diesem Ausdruck sagen:
Es wird am Ende mal so sein,
dass dann nach unsern Erdentagen
für alle mal der Tod tritt ein?

Es gilt doch für uns Menschen alle:
Wer teil an diesem Laufe nimmt,
für den hat Gott in diesem Falle
ein wunderbares Ziel bestimmt.

Er als der Vater will uns geben
nach dieser unsrer Erdenzeit
das wunderbare ew'ge Leben
bei sich in Seiner Herrlichkeit.

Doch sei ein jeder sich im Klaren:
es ist der Weg dorthin nicht leicht;
es lauern überall Gefahren,
dass dieses Ziel man nicht erreicht.

Die Bibel nennt uns auch die Gründe,
dass man am Ende nicht besteht!
Es gibt in dieser Welt die Sünde,
die oftmals man als Mensch begeht.

Gott hat das Recht, uns vorzuschreiben,
was man zu tun hat und was nicht;
doch Menschen oft nur das betreiben,
was ihnen Vorteile verspricht.

Und wenn sich Menschen so verhalten,
ist Gott im Recht, wenn diese dann
von Ihm die Strafe auch erhalten,
vor der man sich nicht retten kann.

Drum muss man sich an Jesus binden,
der einst für uns das Heil vollbracht.
In Ihm nur ist das Heil zu finden,
das auch uns Sünder selig macht.

Er ist den Weg vorangegangen
durch Kreuzestod und Auferstehen;
an Ihn zu glauben, heißt erlangen,
dann ewig Ihn als Herrn zu sehen.

Hunger und Sättigung

Die Menschen bei uns hungern nicht,
geht es um Mund und Magen,
meist haben sie zu viel Gewicht,
das sie am Körper tragen.

Durch Technik sollte möglich sein,
dass so man Zeit gewinne;
doch strömt durch sie jetzt zu viel ein
auf alle unsre Sinne.

Durch Fernseh'n, Smart- und Telefon,
Computer und dergleichen
ist es zu viel an Bild und Ton,
was uns jetzt kann erreichen.

So ist der Mensch jetzt immer satt
durch Hören, Sehen, Essen;
doch dass der Mensch auch Seele hat,
das hat er jetzt vergessen.

Drum ist der Mensch nicht gern allein,
will nicht nach innen hören,
will vielmehr seiner Seele Schrei'n
durch Irdisches betören.

Sie sagt ihm: Es ist alles hohl
und alles so verlogen.
Drum greift er oft zum Alkohol
und zu den harten Drogen.

Doch sage ich als Christ: Es kann
viel Besseres da geben.
Gott bietet seine Hilfe an;
durch Ihn erfülltes Leben.

Es kommt dann in Dein Herz hinein
ein himmlisch tiefer Frieden,
und Du wirst froh verwundert sein,
was alles Gott kann bieten.

Du lebst von Sorgen dann befreit,
die Schuld ist Dir genommen.
Du freust Dich auf die Ewigkeit,
was dann für Dich wird kommen.

Zum Gedenken an die Verabschiedung in den Ruhestand von Herrn Pfarrer Wolfgang Eichhorn am 28. Oktober 2018 in der Moritzkirche zu Zwickau

Es ist den meisten wohl bekannt,
dass ich auch hier als Pfarrer stand,
am Sonntag auf der Kanzel war
und allen Gottes Wort bot dar;
und deshalb ist es heute hier
besonders eine Ehre mir,
dass ich für einen lieben Mann
ein Wort zum Gruß jetzt sprechen kann,
bei dem ab heute fest es steht,
dass in den Ruhestand er geht.
Doch gebe ich bei diesem Schritt
ihm dieses auf den Weg jetzt mit:
Ein Pfarrer immer Pfarrer bleibt,
was er im Ruhestand auch treibt.
Es finden andre sicher gut,
wenn nun, wo nötig, Dienst er tut,
wo die Gemeinde ist in Not,
weil sonst bei vielen Ausfall droht,
springt nicht ein Ruheständler ein,
um dort als Helfer da zu sein.
Und weil sein Dienst jetzt wird begehrt,
wird ein Emeritus geehrt,
behandelt wie ein rohes Ei,
damit er zur Verfügung sei
und nicht, wenn jemand anruft, spricht:

„Nein, lieber Freund, das mach ich nicht.“
Egal, was früher man auch trieb,
jetzt hat Dich plötzlich jeder lieb.
Und weil man jetzt so lieb sein muss,
macht Pfarrersein viel mehr Genuss.
Vergessen ist jetzt aller Streit,
den es mal gab vor langer Zeit,
und mehr und mehr es dann geschieht,
dass nur noch man das Gute sieht,
und auch der Superintendent
Dich einen lieben Mann jetzt nennt.
Weil nun man als Emeritus
viel darf und vieles nicht mehr muss,
man sich, wenn irgendwo es tagt,
bei allem vorher erst das fragt:
Hat es denn wirklich für Dich Sinn,
dass Du zu diesem auch gehst hin?
Und schließt Du dieses für Dich aus,
dann bleibst Du lieber doch zu Haus
und bist auf das nur noch bedacht,
was wirklich Dir auch Freude macht.
Noch etwas andres findet statt:
Was einst in Dir geschlummert hat,
weil Deine Zeit durch Dienst beengt,
jetzt plötzlich zur Entfaltung drängt,
und manches Werk wird nun erschaut,
das niemand Dir hat zugetraut;
und mancher denkt jetzt manches Mal:
Wie ist der Mann so genial!
Beim Pfarrer ist es nun mal so:
Es macht der Ruhestand ihn froh,
weil alles, was er weiter macht,
was einst ihm Freude hat gebracht,

und was das Leben machte schwer,
das gibt es plötzlich so nicht mehr.
Das alles habe ich erkannt,
seitdem ich bin im Ruhestand;
und dass Herr Eichhorn auch das schätzt,
das wünsch ich ihm von Herzen jetzt.

Festgedicht zur Amtseinführung von Pfarrer Pauli in die 2. Pfarrstelle des Kirchspiels Zwickau Nord der ev.-luth. Landeskirche Sachsens am 8. September 2019

Schon wieder ist ins Zwickaus Norden
hier eine Neuerung geworden,
weil Pfarrer aus dem Amte weichen,
wenn sie den Ruhestand erreichen,
und manche Pfarrer auch im Leben
nach scheinbar bessren Ämtern streben.
Nachdem so Pfarrer sind gegangen,
hat jetzt ein neuer angefangen,
den man ins Amt geführt hat heute;
und das ist wahrlich Grund zur Freude.
Ein neuer Pfarrer ist erschienen,
der den Gemeinden hier will dienen,
will für die Jungen und die Alten
nun hier die Gottesdienste halten,
will predigend sich an euch wenden
und euch die Sakramente spenden,
insofern Männer da mit Frauen
sich wollen lassen kirchlich trauen,
will Konfirmanden hier belehren,
dass gut und willig Gott sie ehren,
will hier in den Gemeindekreisen
auf christlich rechtes Leben weisen,
will hier bei Menschen mit Problemen
als Seelsorger die Zeit sich nehmen,
will neben vielen andern Sachen
auch viele Hausbesuche machen,
will, wo beratend Christen tagen,
stets ehrlich seine Meinung sagen,

damit ein jeder der Beschlüsse
nur zu dem Besten dienen müsse.
So wünschen wir die besten Gaben
dem Pfarrer, den wir hier jetzt haben:
Wir wünschen Gottes reichen Segen
auf allen seinen Lebenswegen,
Gesundheit, Freude, Kraft und Stärke
für alle Dienste, alle Werke
hier jetzt in allen den Gemeinden,
die zu dem Kirchspiel sich vereinten.

Zeitumstellung Oktober 2017

Sind wieder in Europas Orten
die Uhren umgestellt jetzt worden,
dass sich die Zeiger wiederfinden
jetzt eine Stunde weiter hinten,
ist für die letzten von den Tagen,
die im Oktober sind, zu sagen:

Bist Du am Morgen aufgestanden,
ist zwar mehr Helligkeit vorhanden,
und Du kannst richtig Dich verhalten
auch ohne vorher Lichteinschalten,
doch machst Du abends eher Licht an,
und die Ersparnis gibt es nicht dann.
Doch auch die Sommerzeit nichts brachte,
als später man das Licht anmachte.

Zwar haben manche schön gefunden
die länger hellen Abendstunden,
doch ist schon längst man sich im Klaren:
So kann man Energie kaum sparen,
denn längst gibt's andres unterdessen,
Geräte, die den Strom uns fressen.

Nun möchte ich zu den Problemen,
die es da auch gibt, Stellung nehmen.
So eine Umstellung der Uhren,
sie hinterlasst im Körper Spuren,
denn seine inneren Organe
befinden sich noch in dem Wahne,
es wäre alte Zeit geblieben
und noch anstatt um sechs um sieben,
und er kann nicht sofort es machen,

gleich sehr viel später aufzuwachen.
Man muss ihn wieder umerziehen.
Da kann zunächst der Schlaf ihn fliehen,
und Nahrung kriegt in diesen Tagen
auch später erst der Menschenmagen.

Drum lasst doch alles bei dem Alten,
anstatt die Uhren umzuschalten,
weil dieses alles doch nicht wert ist,
dass es uns als Befehl beschert ist.

Man sollte sich damit begnügen,
in Gottes Ordnung sich zu fügen.
Gott hat für diese Welt zum Leben
uns doch den Sonnenschein gegeben,
damit es hier auf dieser Erde
an allen Orten hell früh werde
und Strahlen der Erwärmung dienen,
mit der die Erde wird beschienen,
weil Gott der Schöpfer ließ geschehen,
dass sich die Erde selbst kann drehen.

Auch ordnete der Schöpfer weise,
dass so sie um die Sonne kreise,
dass sie uns die vier Jahreszeiten,
die alle nötig, kann bereiten.

Und was wir Menschen dann noch machen,
sind alles überflüss'ge Sachen.

Von Personen

Es findet die Renate schade,
dass ich ihr nicht zum Bade rate.
Sie beugte sich zum Dieter nieder
und sprach: „Sing doch die Lieder wieder!“
„Das alles ist doch bunter Plunder“,
erklärte mir dann munter Gunther.
Man sieht, wie kraftvoll Manfred rangeht,
wenn ihr ihn anfleht, wie ihr dann seht.
Ich bat die flotte Lieselotte,
dass sie nicht mit der Rotte spotte.
Mir sagte an der Tanne Anne,
dass sie nach einem Manne spanne.
Im Bette sagte einst Anette,
dass bald sie gern ein Lette hätte.
Der Lothar bot zum Abendbrot dar,
dass der im Boot war dann in Not war.
Nein, weder Meder noch die Kreter
kennt so ein jeder wie der Peter.
Wenn ich Dich zu der Inge bringe,
dann schöne Dinge ich besinge.
Mit froher Miene sprach Christine:
„Ich diene fleißig wie die Biene.“
Wenn mir die Gabriele fehle,
dann quäle sehr das meine Seele.
Der erst mit Rita gestern schritt da,
war mit der Britta schon zu dritt da.
Sofern ich Anneliese hieße,
ich diese miese Wiese priese.
Er sprach die kranke Anke „Danke“,
weil ich nicht vor dem Schranke zanke.
Es war in dem Palast die Zarin,
doch nun gefiel es Karin darin.

Es wurde Walter dann im Alter
auch so ein alter Hundehalter.
Es kam Regina mit der Ina
einst mit Angina her aus China.
Die Käthe, die im Garten säte,
fand, als sie mähte, eine Gräte.

Unter Gottes Segen

Bei Menschen unter Gottes Segen
strömt Seine Liebe Dir entgegen.
Du hast das herrliche Empfinden,
dass alle Grenzen gleich verschwinden.

Du darfst bei solchen Leuten wagen,
das, was Du denkst, auch stets zu sagen.
Du kannst, so wie Du bist, Dich zeigen,
und nichts musst krampfhaft Du verschweigen.

Soll es in Zukunft hier auf Erden
nicht schlechter, sondern besser werden,
muss mehr es solche Leute geben,
bei denen das man kann erleben.

Kantorenkritik

Ich frag mich schon seit langer Zeit,
ob Euch, die Ihr Kantoren seid,
es wirklich stets auch darum geht,
dass auch Ihr im Dienst Gottes steht.

Wer sonntags auf der Orgel spielt,
will meist, dass er Erfolg erzielt,
will, dass sein tolles Orgelspiel
dem Hörer wunderbar gefiel.

Und nimmt er mit dem Kirchenchor
zur Aufführung ein Werk sich vor,
dann will er auch, dass es gefällt
und großen Beifall er erhält.

Dass später in der Zeitung dann
ein jeder Mensch es lesen kann,
wie man den Kantor loben muss
für einen prima Kunstgenuss.

Und keiner findet es verkehrt,
dass man statt Gott den Menschen ehrt,
weil es dem Kantor nicht behagt,
was unsre Bibel dazu sagt.

Wenn nun mit Recht ein Kantor spricht:
„Was Du da sagst, betrifft mich nicht“,
dann finde ich es immer gut,
wenn jemand Gottes Willen tut.

Man denke an das Wirken Bachs.
Er war ein Meister seines Fachs;
doch sollte all sein Werk allein
der Ehre Gottes dienend sein.

Und was für Bach ganz offenbar
der Maßstab seines Wirkens war,
sei bei Kantoren jetzt auch da:
das „soli Deo gloria“.

Christlicher Ausblick

Hab endlich ich dann ausgelitten
nach dieses Erdenlebens Lauf,
dann werd' ich Jesus Christus bitten:
Herr, nimm mich in Dein Reich nun auf!

Ich weiß, Er kann sehr hart mich richten,
weil ich sehr oft gesündigt hab;
jedoch Er wird darauf verzichten,
weil meine Schuld Er mir vergab.

Er wird zu Herrlichkeit mich führen,
wie Er es einst versprochen hat,
und ich werd' ewig es verspüren,
dort findet Freudiges nur statt.

Weil dann der Teufel überwunden
und damit auch der Bosheit Macht,
ist alles Elend dann verschwunden,
das uns der Sündenfall gebracht.

Nur Gott, dem ewig Allmacht eigen,
die jedem dann wird offenbar,
wird uns viel Besseres dann zeigen
als alles, was auf Erden war.

Das alles lässt es mich ertragen,
mein Leiden jetzt in dieser Zeit.
Ich freu nach meinen Erdentagen
mich sehr auf Gottes Ewigkeit.

Schädliche und nützliche Worte

Sehr vorteilhaft scheint es für jeden,
den Menschen nach dem Mund zu reden,
denn jeder Mensch hat das Begehren,
dass andere ihn lobend ehren.

Und ist mal etwas schiefgegangen,
das irgendjemand angefangen,
dann es die Menschen immer lieben,
die Schuld auf andere zu schieben.

Doch wenn das Menschen so betreiben
und sie nicht bei der Wahrheit bleiben,
fragt irgendwann man sich mit Grauen:
Wem kann man heute noch vertrauen?

Weil es der Bibel Bücher wagen,
den Menschen ihre Schuld zu sagen,
woll'n viele nicht die Worte hören,
weil sie den Stolz auf sich zerstören.

Doch bleibt die Bibel da nicht stehen,
dass Menschen ihre Sünde sehen.
Sie will, dass sie das Heil erfassen
und sich durch Christus retten lassen.

Es darf die Kirche das verkünden:
Es gibt Vergebung deiner Sünden.
Ins Herz will Jesus Frieden geben
und nach dem Tod das ew'ge Leben.

Ein unangenehmer Zeitgenosse

Es lässt der Mann sich nicht erweichen,
er kennt nicht die Barmherzigkeit.
Wenn's sein muss, geht er über Leichen,
ihn kümmert nicht der andern Leid.

Er liebedienert gern nach oben,
damit er Vorteile gewinnt;
doch liebt er es, sich auszutoben,
zu schikanier'n, die unten sind.

Doch will er generös erscheinen,
als gönnerhaft und lobenswert.
Die Leute sollen von ihm meinen,
dass er verdient, dass man ihn ehrt.

Nie sollen Lobgesänge enden
auf ihn und das, was er vollbracht.
Er kann so toll die andern blenden,
weil nur er auf sich selbst bedacht.

Kritik kann niemals er vertragen
und wer so etwas trotzdem tut,
dem geht es ganz schlimm an den Kragen,
der spürt des Mannes ganze Wut.

Ich kann den Menschen nur bedauern.
Mir imponiert so etwas nicht.
Ich denke an ihn nur mit Schauern,
wenn Gott sein letztes Urteil spricht.

Moderne Technik und christlicher Glaube

Die Technik schafft zu unsern Zeiten
wohl immer neue Möglichkeiten,
sich mit Vergnügen zu zerstreuen
und seine Sinne zu erfreuen.

Doch kann sie nicht von Schuld befreien,
der Seele nicht die Kraft verleihen,
den Frieden in das Herz nicht geben,
nach dem man sich so sehnt im Leben.

Sie lässt auch keinen Weg uns finden,
die Todesangst zu überwinden,
lässt der Bestrafung nicht entgehen,
muss man vor Gott dem Richter stehen.

Es ist der Mensch auf dieser Erde,
damit er heil und selig werde,
auf den noch immer angewiesen,
der Jesus Christus hat gehießen.

Will Gottes Herrlichkeit man schauen,
muss man sich Jesus anvertrauen,
muss Seine Gnadenhand erfassen
und sich von Ihm recht führen lassen.

Denn Ihm allein ist es gelungen,
dass Tod und Teufel Er bezwungen,
sodass an diesem Seinem Siegen,
weil Er uns liebt, wir Anteil kriegen.

Rettung oder Verderben

Auch wer es unterließ,
auf Jesus achtzugeben,
wird nach dem Tode dies
mit allem Ernst erleben,

dass nach dem Tode dann
es noch wird weitergehen,
dass dann muss jedermann
vor Jesus Christus stehen,

der da Sein Weltgericht
hält nach der Menschen Taten,
und was Er dann da spricht,
wird nützen oder schaden.

Wem Er das Heil verheißt,
lebt stets mit Ihm zusammen;
doch wen er von sich weist,
wird ewig er verdammen.

Am Tage des Gerichts,
wo jeder muss erscheinen,
nützt es den Leuten nichts,
wenn manche dies dann meinen:

Ich habe nichts gewusst,
ich hatte keine Ahnung,
man hätte doch gemusst
mir sagen eine Mahnung.

Wär einer, der schon tot,
als Warner mir gekommen,
ich hätte, was mir droht,
gebührend ernst genommen.

Doch wer so redet, wird
für dieses sein Verhalten
von Jesus, dass er irrt,
als Antwort dann erhalten:

„Euch allen ist bekannt,
was wichtig ist gewesen;
was in der Bibel stand,
das konntet Ihr doch lesen.“

Es geht um ew’ges Heil.
Das will die Bibel lehren.
Du hast am Himmel teil.
Das will dir Gott gewähren.

Vertraue Jesus fest
im Leben und im Sterben,
denn Er allein nur lässt
das Himmelreich dich erben.

Zu 1. bis 4. vgl. Matth. 25, 31–46
Zu 5. bis 7. vgl. Lukas 16, 27 f.
Zu 7. bis 9. vgl. Lukas 16, 31

Gottes Ziel

Es denkt der Mensch in seinem Wahn:
Wie ich will, muss es gehen.
Doch Gott hat mit uns einen Plan.
Das sollten wir verstehen.

Er hat als Ziel für uns bestimmt
bei Ihm das ew'ge Leben
und, dass es diese Richtung nimmt,
die Bibel uns gegeben.

Doch ist es gar nicht leicht, das Ziel
auch wirklich zu erreichen,
denn an Versuchung gibt es viel,
vom rechten Weg zu weichen.

Drum halte dich an Jesus fest,
der diesen Weg gegangen.
Nur wer von Ihm sich führen lässt,
wird auch zum Ziel gelangen.

Er macht dich von der Sünde los,
die an die Welt dich bindet.
Die Herrlichkeit ist übergroß,
die man bei Gott dann findet.

Vertrauen

Ich könnte es so schön mir denken,
dass so Vertrauen findet statt,
dass man es jedem kann verschenken
und jeder es zu einem hat.

Doch kann es das so wenig geben,
weil man befürchtet, es geschieht,
bei Anvertrautem zu erleben,
dass dann der andre Vorteil zieht.

Auch hat man Angst vor den Problemen,
die es mit Freunden geben kann,
wenn sie von uns zur Kenntnis nehmen,
dass man versagt hat irgendwann.

Drum will man keine Schwäche zeigen,
man will erscheinen als ein Held.
Von Schuld und Fehlern will man schweigen,
wobei man sich oft sehr verstellt.

Doch ist ein Mensch oft zu durchschauen
mit seinem aufgesetzten Schein;
und darum hat man kein Vertrauen,
denn keiner will belogen sein.

Damit das alles besser werde
und man so recht vertrauen kann,
drum fange, so wie Jesus lehrte,
den Nächsten recht zu lieben an.

Nur wenn genug sich Menschen finden,
die liebend sind zu Dienst bereit,
wird mehr und mehr die Angst verschwinden.
Dann wächst Vertrauen mit der Zeit.

Segen des Christseins

Des Todes Macht ist überwunden.
Das gibt die Bibel uns bekannt,
denn Ostern hat einst stattgefunden,
als Jesus neu vom Tod erstand.

Der Tod verliert nun seinen Schrecken.
Ist auch das Irdische dahin,
werd ich ganz Herrliches entdecken,
wenn ewig ich im Himmel bin.

Es hat auch dieses sich begeben:
Durch Jesu Tod auf Golgatha
kann Schuldvergebung man erleben,
weil die Versöhnung da geschah.

Den Teufelskreis der Schuld durchbrochen
hat, wer auf Jesus sich lässt ein.
Wen Er von Schuld hat freigesprochen,
der kann auch anderen verzeih'n.

Bist du von Jesus überwunden,
dass Er dein Herr und Heiland sei,
sind Neid und Hass aus dir verschwunden
und du fühlst wunderbar dich frei.

Statt dich mit Sorgen zu beschweren,
vertraue, dass dir, weil du Christ,
wird Gott, was nötig ist, gewähren,
weil Er dir doch ein Vater ist.

Wenn einen Christen Leiden plagen,
denkt er daran, dass Jesus sprach:
„Wirst gläubig du dein Leben tragen,
folgst du zur Herrlichkeit mir nach."

Erfüllt den Christen Gottes Liebe,
so drängt es ihn im Innern dann,
dass er sie auch am Nächsten übe,
wo immer er ihm helfen kann.

So ist in deinem Herzen Frieden
in dieser Welt und dieser Zeit
und dann wird dir noch mehr beschieden
von Gott in Seiner Ewigkeit.

Gegensätze in der Politik

Rechts und links

Es scheint doch eine echte
Paradoxie zu sein,
wenn sich für unsre Rechte
die Linke jetzt setzt ein.

Grün und blau

Es war mal hinter Dünen.
Am Strand lag eine Frau.
Sie war zwar bei den Grünen,
doch war sie völlig blau.

Schwarz – weiß – rot

Bei Schwarzen kann geschehen,
dass einer gar nichts weiß.
Um da nicht rot zu sehen,
macht manchen das sehr heiß.

FDP und AfD

Wohl als ein Freund der Poesie
kann es die FDP beweisen,
dass Abfall für Demokratie
soll dieses AfD wohl heißen.

Der Brexit und seine Lehren

Wenn man in Großbritannien sieht,
was dann in Wirklichkeit geschieht,
wenn die Regierung mal es wagt,
dass sie das ganze Volk befragt,
dann sollte das die Lehre sein,
die man sich präge künftig ein:
Man schaue stets vor dem Beginn
auf das, was folgen kann, auch hin.
Des Volkes Denken ist beschränkt,
weil meist ein Mensch nur daran denkt,
was ihm in möglichst kurzer Frist
an Geld und Gut von Vorteil ist.
Was so vom Wunschdenken bestimmt,
meist keinen guten Weg dann nimmt,
denn wie es so dann weitergeht,
vor allem, was am Ende steht,
ist oft nach kläglicher Tortur
ein großer Scherbenhaufen nur.
Drum sei erst richtig überlegt,
bevor man Wichtiges bewegt.

Enttäuschtes Vertrauen

Es war sie eine meiner Nachbarinnen,
und was sie sagte, das klang stets so hold.
So konnte mein Vertrauen sie gewinnen,
und das hat sie auch damals nur gewollt.

Doch habe ich es längst herausgefunden,
dass sie die Freundschaft damals nur begann,
um in Gesprächen mit mir zu erkunden,
wie sie mir ohne Mühe schaden kann.

So ist es hier in unsern Erdentagen:
Es kann sehr leicht geschehen, dass man irrt.
Wir müssen immer wieder es ertragen,
dass man getäuscht, dass man betrogen wird.

Gern möchte andern in das Herz ich schauen
und nicht nur, wie es üblich, ins Gesicht.
Zu lieben Menschen hätt ich dann Vertrauen,
zu Heuchlern und zu Lügnern aber nicht.

Doch werde ich im Gottesreich erleben,
wohin mich Jesus Christus einmal führt,
dass es dort keine Heuchler mehr wird geben,
weil nur man reine Gottesliebe spürt.

Heilsame Wahrheit

Wenn Jesus zu den Menschen spricht,
reißt Er die Maske vom Gesicht,
und weil sehr vielen das nicht passt,
geschieht es, dass man Jesus hasst.

Und doch tut letztlich allen gut,
wenn Jesus das an Menschen tut,
weil da, wo Menschen ehrlich sind,
von Gott der Heilsprozess beginnt.

Wer das an sich geschehen lässt,
der stellt dann voller Freude fest:
Es zieht ins Herz ein Frieden ein,
der nicht von dieser Welt kann sein.

Gott macht den Horizont auch weit.
Er lenkt den Blick zur Ewigkeit,
wobei man vieles, das geschieht,
viel tiefer und viel besser sieht.

Gott bietet Seine Gnade dar.
Das ist für uns ganz wunderbar,
sodass dafür am Ende dann
ein jeder Gott nur loben kann.

Jagd früher und heute

Als einst vor Tausenden von Jahren
auch Menschen auf der Erde waren,
da sind sie oft mit Pfeil und Bogen
zur Jagd nach Tieren ausgezogen.

Nun sieht man jetzt in unsern Tagen
genauso wieder Menschen jagen.
Sie tun's nach Geld, Lust, Macht und Ehre
und denken, dass das besser wäre.

Doch sollten Menschen danach trachten,
dass sie auf Gottes Willen achten,
auf das, was wir zu leisten haben,
und das, was Gott uns schenkt an Gaben.

Lincke und Linke

Wie allgemein bekannt jetzt ist,
war ein Paul Lincke Komponist,
der einstmals Operetten schuf
und dabei gut war im Beruf.

Nachdem jetzt seine Zeit vorbei,
gibt es die Linke als Partei;
und das, was die Partei jetzt schafft,
ist auch oft operettenhaft.

Auch wenn das „c" die Lin(c)ke trennt,
bei beiden eine Frau man nennt,
um welche es bei beiden geht,
die sehr im Mittelpunkt da steht.

Bei Lincke wird zum Mond gereist,
die Dame da „Frau Luna" heißt;
doch bei der Linken nennt mit Recht
man dabei Sarah Wagenknecht.

Poetisches Komponisten-Potpourri 1

Es gab bei uns mal großen Krach:
Es ging um Händel oder Bach.
Ich dachte: Ist der so verrucht,
dass er mit Händel Händel sucht?

Als Bach-Musik einst hörend ich,
an einem Bach stand, fragt' ich mich,
ob es der Bachstelze gelingt,
dass sie statt Bach mal Mozart singt.

Mir ist Musik von Verdi lieb,
der wunderbare Opern schrieb.
Was Verdi, die Gewerkschaft, tut,
ist das, so frag ich, auch so gut?

Es fand ein reger Austausch statt,
als Reger man gehört mal hat,
denn Reger regt nun einmal an,
dass man dann reger reden kann.

So mancher denkt, dass Nicolai
nur Name mancher Kirchen sei,
doch Nicolai bekannt auch ist
als deutscher Opernkomponist.

Ein Strauß aus Blumen meist besteht,
wenn's um den Vogel Strauß nicht geht;
doch wenn dies beides Strauß nicht ist,
dann ist es Strauß, der Komponist.

Dass Einzeller sehr einfach sind,
merkt man in der Natur geschwind;
jedoch ein Zeller war es nicht,
wofür „Der Vogelhändler“ spricht.

Wenn jemand mir zu hören gibt,
dass er seit Langem Lin(c)ke liebt,
denk an Paul Lincke ich dabei,
nicht an „die Linke“ als Partei.

Ganz furchtbar klingt es und ganz wild,
wenn mal im Zoo ein Löwe brüllt.
Jedoch es recht harmonisch klingt,
wenn man Carl Loewe spielt und singt.

Manch Maler hat ein Bild gemalt,
für das man jetzt viel Geld bezahlt.
Doch ein Herr Mahler einst erschien,
der komponierte Sinfonien.

Poetisches Komponisten-Potpourri 2

Als ihr bei Mozart-Weisen froh wart,
da wurde plötzlich zu mir Mo zart;
und so zart wurde diese Schöne,
weil Mo zart hörte Mozart-Töne.

Es lässt bei uns sich nicht vermeiden,
es spielen jetzt auch Heiden Haydn.
Doch sagen niemals die Gelehrten:
wer Haydn spielt, muss heidnisch werden.

Es war einmal am 3.3.,
da bin zu Briten ich geschritten,
Musik von Britten zu erbitten,
das haben Briten nicht gelitten.

Im Opernhaus gab einst bekannt man,
dass Lortzing auf dem Spielplan stand dann;
doch einmal dorthin auch ein Lord ging,
denn dieser liebte sehr den Lortzing.

Ich sage jetzt ganz offen: Bach war
doch größer als dann Offenbach war;
jedoch der Main, den Offenbach hat,
hat mehr an Wasser, als ein Bach hat.

So manchen kann jetzt kahl man sehen,
wie einst mit Kálmán das geschehen.
Doch hört man gern an jeder Stätte
von Kálmán eine Operette.

Frau N. und ich

Mir ist in unserm Vaterland
schon lange eine Frau bekannt,
die eines Tages zu mir sprach:
„Frag nie und nimmer bei mir nach,
was ich in unserm früher'n Staat,
der DDR genannt war, tat.
Vergangenheit ist hier tabu;
und dieses respektiere Du."
Nun war dabei mir längst schon klar,
dass sie mal bei der Stasi war,
denn sie bot immer mal schon feil
von sich so manches Puzzleteil,
das ich, da eben ich ein Mann,
der etwas logisch denken kann,
zu einem Bilde hab gefügt.
Das hat zum Urteil mir genügt.
Und sehr bald zeigte sich auch schon
bei ihr als eine Reaktion,
dass das, wie ich geurteilt hab,
genau als Wahrheit sich ergab.
Drum habe ich es mal gewagt
und etwa dies zu ihr gesagt:
„Ich sehe zwar vollkommen ein,
dass es nicht freudevoll wird sein,
wenn etwas mal zur Sprache käm,
das Dir nicht so sehr angenehm,
weil man zwar Gutes gern mal zeigt,
jedoch das Schlechte gern verschweigt.
Und trotzdem geht es wirklich nicht,
dass man Vergang'nes nicht bespricht;
denn jeder ist zu jeder Zeit
umgeben von Vergangenheit.

Wohin wir gehen, bei jedem Schritt
geht die Vergangenheit auch mit.
Wir fragen uns bei jedem Ding,
wie das beim letzten Male ging,
und wurde, was wir taten, gut,
man wieder es genauso tut,
und wo man etwas schlecht gemacht,
wird an Verbesserung gedacht.
Man nirgendwo und nirgendwann
Vergangenheit ganz streichen kann,
doch sei ein jeder jederzeit
aus ihr zu lernen gern bereit.
Und niemals hat ein Mensch das Recht,
dass er vom andern redet schlecht,
wenn bei ihm dies wird offenbar,
dass da auch etwas Schlechtes war.
Nie hat man recht, wenn man verdammt,
denn Sünder sind wir allesamt.
Es lebe keiner in dem Wahn,
dass er nur Gutes hat getan
und nie die Hilfe unterließ,
wo das Gebot zu helfen hieß.
Drum sei ein jeder Mensch bereit,
dass er dem anderen verzeiht,
so wie auch jeder gern erfährt,
dass man Erbarmen ihm gewährt.
Drum macht uns Menschen alle froh,
verhält ein jeder Mensch sich so,
dass er auch dann den andern liebt,
wenn Schuld es und Versagen gibt,
dass er ist für den andern da,
besonders auch, wenn Schuld geschah,

dass, statt dass er ans Drohen denkt,
er liebevoll Erbarmen schenkt.
Und es bereitet doch Genuss,
wenn niemals man befürchten muss,
dass es den anderen erschreckt,
wenn Fehler er und Schuld entdeckt,
weil sich gerade Liebe dann
als echt und stark erweisen kann.
Das sage ich, weil ich ein Christ,
dem Gottes Willen wichtig ist."

Emil und Karin

Der Emil denkt von Karin:
Die Frau ist wundervoll.
Und liebt die Dame gar ihn,
dann findet er das toll.

Hildegard

Dass er nach diesem Bilde starrt,
das kann ich wohl verstehen.
Es ist die schöne Hildegard
auf diesem Bild zu sehen.

Die Seine

Weshalb ich jetzt Paris erwähne,
ist, dass man dort Französisch spricht.
Dort liebt so mancher Mann die Seine[1],
jedoch die Seine liebt er nicht.

---

1 gemeint ist der Fluss

Von mir

Von mir, dem Manfred, ich erwähne,
dass ich mich auch nach Liebe sehne.
Wird mir von Frauen Glück beschieden,
dann bin ich wirklich Mannesfrieden.

Karin – die Überraschung

Weil gern ich Reisen unternehm'
mit einem Bus, wo es bequem,
kam es mir neulich in den Sinn:
Ich fahr nach Markneukirchen hin,
denn Leistner Reisen boten an,
dass man mit ihnen fahren kann
zum Ort, den man Musikstadt nennt,
an einem Tage im Advent.

In einem Saal, dort wo man saß
und auch die Mittagsmahlzeit aß,
fing an dem Nachmittage dann
auch ein Musikprogramm noch an.
Da wurden, wie es sich gebührt,
auch Weihnachtslieder aufgeführt,
doch es geschah dann auch noch dies,
dass einer Okarina blies;
und als er dieses hat gemacht,
hab an die Karin ich gedacht,
denn diese war zwar da nicht nackt,
sie war in „O" und „a" verpackt,
doch macht es immer mir Genuss,
wenn ich an Karin denken muss.
So wurde ich auf einmal froh,
und niemand wusste recht wieso.
Doch fuhr ich hinterher zurück,
erfüllt mit unerhofftem Glück.

Die Welt und ihre Rettung

Weil heute es dem Menschen glückt,
dass, wenn auf einen Knopf er drückt,
das ihm genehme Bild erscheint,
er sich auch in der Lage meint,

dass er nun alles in der Welt
so machen kann, wie's ihm gefällt,
dass alles ihm gelingen muss,
was ihm Profit bringt und Genuss.

Jedoch ist er doch selber nur
als Mensch ein Teil von der Natur,
und wenn er an ihr Raubbau treibt,
für ihn nicht folgenlos das bleibt.

Denn wenn man die Natur verdirbt,
der Mensch am Ende davon stirbt.
Es zeigen Katastrophen schon
der Menschen schlimmer Taten Lohn.

Auch die Gemeinschaft nicht mehr stimmt,
wenn man für sich in Anspruch nimmt,
dass alles man zu dürfen glaubt,
jedoch den andern nicht erlaubt.

Man fängt mit Recht zu fragen an,
wie man die Welt noch retten kann.
Doch ob man durch Gesetzeskraft
da wirklich Besserung verschafft?

Was wirklich dazu nötig ist,
das sage ich jetzt als ein Christ:
Gebt mehr auf Gottes Willen acht
und Christus, der Euch selig macht.

AfD

Wer in dem Deutschen gut erzogen,
der denkt bei „AfD“ daran,
dass „Alles freche Demagogen“
die Abkürzung auch heißen kann.

Vielleicht ist der auch recht beraten,
der beim Wort „AfD“ dies meint,
dass „Außen falsche Demokraten“
die richtige Erklärung scheint.

Ich wünsche, dass es so verliefe,
dass von der AfD man spricht:
Für Deutsche die Alternative
ist sie gewiss zum Guten nicht.

Jedoch kann etwas auch gelingen,
wozu die AfD ist gut.
Sie kann die andern dazu bringen,
dass mehr man für uns Deutsche tut.

Die AfD

Ich habe mal gefragt,
was AfD bedeute.
Da hat man mir gesagt:
So deutet man das heute:

Man weiß es auch nicht ganz,
doch kann man das jetzt raten:
Es ist die „Allianz“
sehr „falscher Demokraten“.

Ein anderer hat dann
die Folgerung gezogen,
dass das auch heißen kann:
„Angst fördert Demagogen“.

Ein andrer kam danach.
Er wollte so beenden,
dass er als Deutung sprach:
„Arrest für Divergenten“.

Ein andrer war dabei.
Er sagte mit Gebrumme,
ein „Auffangbecken“ sei
die AfD „für Dumme“.

„After Eight“ und unsere Gäste

Als bei uns waren Gäste da,
einmal zu Hause dies geschah:
Es kam mir plötzlich in den Sinn,
dass „After Eight“ ich stellte hin,
und es geschah dann gleich danach,
dass ich zu diesen Gästen sprach:
„Weil Ihr, wenn es ist after eight,
vielleicht schon bald nach Hause geht,
mach ich bereits es after five,
dass ich in diesen Kasten greif
und merke, wenn man dieses tut,
schmeckt jede Tafel auch so gut;
und sicher schmeckte dann auch sie,
hätt ich getan das after three.
Ich äße sie auch after two,
sofern ich nicht zur Mittagsruh'.
Drum bitte, greift auch Ihr hinein!
Es wird Euch eine Freude sein,
wenn Ihr bei uns hier es entdeckt,
wie gut das „After Eight“ doch schmeckt.

An einen Brieffreund

Wenn zu wiederholten Malen
wir auch müssen mehr bezahlen,
wenn wir manchmal Briefe schreiben,
soll es doch nicht unterbleiben,
dass wir weiter sie verfassen
und den andern lesen lassen.
Denn ich hoffe, es ist richtig,
dass es Dir wie mir ist wichtig,
dass wir gern das Geld ausgeben,
um es oftmals zu erleben,
dass wir uns auf beiden Seiten
damit Freude nur bereiten,
wenn die Briefe von dem andern
dann in unsern Kasten wandern.
Was wir denken, hören, schauen,
wollen wir uns anvertrauen,
von den Dingen, die geschehen,
auch wenn wir da manchmal sehen,
dass uns da so manche Sachen
Ärger und auch Angst oft machen.
Doch es ist wohl gut für jeden,
kann man über alles reden,
und so mancher Trost im Leide
ist dann hilfreich für uns beide,
können Leid wir nicht verhindern,
so doch gegenseitig mindern;
und wenn wir die Chance merken,
können wir einander stärken.
Und weil das bei uns begehrt ist,
es uns auch das Porto wert ist.

Das Heilige Abendmahl

Es ist beim Heil'gen Abendmahl
so manches, das man tut, egal.
Es überhaupt nicht darum geht,
ob man dabei im Kreise steht
und nicht mehr dabei linear,
so wie das früher einmal war,
ob man noch still sein Köpfchen senkt,
sich zu bekreuzigen gedenkt,
ob man sich noch die Hände reicht,
bevor vom Altarplatz man weicht,
das alles wohl man machen kann,
jedoch es kommt nicht darauf an.
Entscheidend ist an jedem Ort
beim Abendmahl nur Jesu Wort,
dass da der Pfarrer das spricht nach,
was Jesus zu den Jüngern sprach,
als in Jerusalem im Saal
Er hielt das erste Abendmahl.
Durch Jesu Wort dann dies geschieht,
was wohl man nicht mit Augen sieht:
Kraft Seiner Allmacht Er dann tut,
dass Brot und Wein wird Leib und Blut.
Wenn auch, wer es empfängt, entdeckt,
dass es wie Brot und Wein nur schmeckt,
glaubt doch ein Christ ganz unbeirrt,
dass Jesus gegenwärtig wird
und uns all unsre Schuld vergibt,
weil Er, so wie wir sind, uns liebt
und dabei eben nicht vergisst,
dass jeder Mensch auch leiblich ist
und Liebe darin sich beweist,
dass man auch miteinander speist.

Weil Er so gut es mit uns meint,
Er leiblich sich mit uns vereint.
Er lässt uns Christen nicht allein,
will geistlich wohnend in uns sein,
dass Er stets unsern Weg bestimmt,
dass er ein gutes Ende nimmt
nach dieser Welt und dieser Zeit
bei sich in Seiner Ewigkeit,
wo es für immer wird geschehn,
dass wir in Herrlichkeit Ihn sehn.

Der schlechte Diplomat

Wenn deutlich man die Wahrheit spricht,
gefällt das vielen Leuten nicht,
weil es so manchem nicht behagt,
wenn man auch so etwas mal sagt,
bei dem es vielmehr angenehm,
wenn dieses nicht zur Sprache käm.

Doch wer auch solches nicht verschweigt
und sich nicht diplomatisch zeigt,
bei dem ist irgendwann vorbei
die Förderung durch die Partei,
die er bis dahin stets vertrat,
wenn auch als schlechter Diplomat.

Dabei erkenne hoch man an,
wenn jemand gar nicht anders kann,
als dass er das sagt, was er meint,
wenn wahr und nötig es ihm scheint,
wie man von Luther das gekannt,
als er in Worms vor'm Reichstag stand.

Liebe und Wahrheit

Von Jesus das Gebot es gibt,
dass Gott man und den Menschen liebt.
Doch ist die Liebe nicht viel wert,
wenn viel man untern Teppich kehrt,
nur sagt, was gern man hören will,
und stets bei Unrecht dann bleibt still,
wenn irgendetwas findet statt,
wo man nicht selbst den Schaden hat.
Er hat auch dabei guten Sinn,
weist man auf Jesus Christus hin,
der immer dann barmherzig war,
wenn Schwachheit wurde offenbar,
jedoch auch hart war immer da,
wo große Heuchelei Er sah;
und Er hat auch vor dem gewarnt,
der damit Menschen gern umgarnt,
und sagte, wie man reden soll:
wahrhaftig und doch liebevoll.
So soll der Dienst am Nächsten sein,
das sehe bitte jeder ein!

Deutschland – Deine Zukunft

„Denk' ich an Deutschland in der Nacht,
dann bin ich um den Schlaf gebracht …"
Was Heine einst gedichtet hat,
das findet auch bei mir jetzt statt,
weil jetzt in diesem unserm Staat
für manchen, den als Demokrat
man in Verantwortung gewählt,
doch letztlich nur der Vorteil zählt,
den dieses Amt an Geld und Gut
auch bringt, wenn kaum man etwas tut,
was man in unserm Vaterland
als hilfreich, gut und nötig fand,
dass man verhindert das, was schlecht
und unterstützt das, was gerecht.
Weil nun so manches unterbleibt,
das Volk es auf die Straße treibt,
wo mancher wirklich Schlimmes macht
bis hin zu einer Straßenschlacht.
Wenn man das nicht verhindern kann,
dann fängt vielleicht es wieder an,
dass da ein Demagoge spürt,
wie man die Masse leicht verführt,
dass sie, zu enden solchen Streit,
nach einem neuen Führer schreit,
der endlich dann mit aller Kraft
im Lande wieder Ordnung schafft,
obwohl es jedem Deutschen klar,
wie das bei uns schon einmal war,
wo einer, als er an der Macht,
der Welt nur Unheil hat gebracht.

Drum strenge sich ein jeder an,
dass Unheil er verhindern kann
und allen möglichst gut es geht,
solange diese Welt besteht.

Männerprobleme beim Kirchenchorauftritt

Als Sänger in dem Kirchenchor
bereiten wir uns darauf vor,
dass es dann immer gut gelingt,
wenn in der Kirche der Chor singt.

Doch fragen wir auch immer dann:
Was ziehen wir beim Singen an?
Was kürzlich da der Kantor sprach,
dem sinne ich jetzt etwas nach.

Was er uns kürzlich da gebot,
das war: „Ihr kommt in Schwarz-Weiß-Rot."
Doch Schwarz-Weiß-Rot, was war das gleich?
Gab's das nicht einst im Deutschen Reich?

Wer früher war ein Patriot,
der trug die Farben Schwarz-Weiß-Rot.
Doch Deutsches Reich gibt es nicht mehr.
Sein Ende ist Jahrzehnte her.

Und durch der Alliierten Sieg
entstand die Bundesrepublik,
und diese hat für sich gewollt
als ihre Farben Schwarz-Rot-Gold.

Wenn jetzt Gefahr von Rechten droht,
zeigt man zwar wieder Schwarz-Weiß-Rot,
wobei jedoch ich sicher bin:
Das hat der Kantor nicht im Sinn.

Was hätt denn sagen er gesollt?
„Komm in den Farben Schwarz-Rot-Gold"?
Da wäre es wohl ziemlich schwer,
wo kriegt man dafür Sachen her?

Auch wär es meinem Innern fremd,
zu kaufen mir ein rotes Hemd,
weil es mir wirklich nicht gefällt,
wenn man mich für 'nen Roten hält.

Und wenn der Schlips soll golden sein,
wo kauft man so ein Ding denn ein?
Man merkt, es gäbe ein Problem,
wenn es zu solchem Vorschlag käm.

So nahm denn alles seinen Lauf.
In Schwarz-Weiß-Rot wir traten auf.
Und niemand hat uns da bedroht
von wegen diesem Schwarz-Weiß-Rot.

Anfrage an Pfarrer M.

Wie sind die Worte aufzufassen:
Man soll etwas links liegen lassen?
Gibt's bei uns Menschen nicht die schlechten
wie bei den Linken bei den Rechten?
Wenn leider schwindet Rechtsempfinden,
sowohl bei Rechten wie bei Linken,
und auch wenn wir im Rechtsstaat leben,
kann es von links Gefahren geben.
Sie können etwa dabei winken,
dass uns die Linken wollen linken,
dass wieder an die Macht sie möchten,
um uns dann wieder zu entrechten.
Dass sie das nicht zuwege kriegen,
lasst auch die Linken nicht links liegen.
Denkt an den Marx als ihren Vater,
das sage ich als Rechtsberater.
Es sind die Rechtsverstöße Sachen,
die Rechte und auch Linke machen.
Bei einem Rechtsanwalt ihn störte,
dass zu den Linken er gehörte.

Ausfahrt der Ruheständler des Kirchenbezirkes Zwickau 25./26.09.2018 nach Wünsdorf/Zossen

Es gibt in sächsischen Gefilden
ein Amt, das will die Menschen bilden.
Um diese Absicht zu beweisen,
veranstaltet man jährlich Reisen,
ein jedes Mal zu solchen Orten,
die mal bedeutsam sind geworden.

So ist man auch zur Tat geschritten
und fragte Zwickaus Emeriten,
ob sie der Sache Sinn erfassen
und sich dafür begeistern lassen.

So sind wir schon seit ein paar Jahren
an manche Orte hingefahren.
Jedes Mal hat es da allen,
die mitgefahren sind, gefallen.

Beim letzten Mal hat man beschlossen:
Es geht nach Wünsdorf und nach Zossen,
wobei wir aber daran dachten:
Wir müssen dort auch übernachten.

So ist es dann dazu gekommen,
dass wird die Fahrt auch unternommen,
dass im September dieses Jahres –
am 25. da war es –
wir uns in frühen Morgenstunden
zur Abfahrt haben eingefunden,

zwar müde noch, doch voller Freude.
Mit Frauen war'n wir 18 Leute.

Nachdem zu unserm Ziel wir kamen,
wir eine Rundfahrt unternahmen
durch diese Stadt, wo das Betreten
verboten war für einen jeden,
der nicht gehörte zu Soldaten,
die dort den Militärdienst taten.

Es waren ganz verschiedne Leute,
die einst bewohnten die Gebäude.
Fürs Deutsche Reich schon wollten streiten
Soldaten dort aus Kaisers Zeiten.
Dann nutzten es die Nazis weiter
zur Planung neuen Krieges, leider,
und nach des schlimmen Krieges Ende
fiel es den Sowjets in die Hände.
Doch auch die Russen mussten gehen.
Es blieb ihr Lenin aber stehen,
vor dessen Denkmal wir nun standen,
weil wir dort Fotos neckisch fanden.
Es wurden auch gezeigt uns allen
die Sport- und auch die Badehallen,
auch die, die dienten Offizieren,
um sich darin zu amüsieren.

Als auf dem Friedhof wir gewesen,
da konnten wir auf Englisch lesen,
dass einst auch Inder für die Briten
im Krieg den Heldentod erlitten.
Auch Moslems liegen dort begraben,
die einst den Deutschen sich ergaben.

Für sie dann die Moschee man baute,
weil Deutschland doch darauf vertraute,
dass, wenn sie eine solche kriegen,
sie helfen dann den Deutschen siegen.
Was doch man nicht zustande brachte.
Es kam halt anders, als man dachte.

Anschließend wir beim Griechen saßen,
wo wir ein gutes Schnitzel aßen,
wobei bei dem, was man verzehrte,
man noch zwei Ouzos uns bescherte.

Wir sind dann, als wir fertig waren,
nach Potsdam weiter noch gefahren,
um etwas durch die Stadt zu gehen
und schöne Bauten dort zu sehen,
wobei ein Höhepunkt dabei war,
dass auch man in St. Nikolai war.

Wir sind ins Schloss auch eingetreten,
wo die Politiker jetzt reden,
und konnten den Versuch auch schauen,
die Garnisonkirche zu bauen,
die einstmals Schaden hat erlitten.
Jedoch der Neubau ist umstritten,
weil dort man einst Geschichte machte,
die Deutschland ins Verderben brachte.

Zur Übernachtung wir in Zossen,
im „Weißen Schwan" die Nacht genossen.
Am nächsten Tag wir auf uns machten,
um dort die Bunker zu betrachten,
auf die zwar wegen schlechtem Zielen
erst nicht der Amis Bomben fielen,

doch laut Beschluss der Alliierten
dann diese Dinge doch passierten:
Weil sie die Russen dahin drängten,
dann diese alle Bunker sprengten,
sodass jetzt nur noch die Ruinen
dem Denken an Vergang'nes dienen.
Doch helfen jetzt noch dazu Stollen
all denen, die sie sehen wollen,
obwohl von Dingen, die dort standen,
jetzt nicht mehr viele sind vorhanden,
weil Stolpe damals nach der Wende
gewünscht hat, dass das Zeug verschwände.
Jedoch ist es auch so geschehen,
dass Int'ressantes wir gesehen.

Wir konnten nach dem Essen gehen
in Bücherhallen und Museen,
sodass wir alle glücklich waren,
als nachmittags wir heimgefahren.

Weil wir nun so viel Freude hatten,
woll'n denen wir noch Dank abstatten,
die diese Freude uns bereitet
und uns auf dieser Fahrt begleitet:
dem Fahrer, der so gut das machte,
heil hin und auch zurück uns brachte,
den beiden, die uns so belehrten,
so vieles uns so gut erklärten,
vor allem aber der Zentrale,
die hoffentlich noch manche Male
uns die Gelegenheit wird geben,
so schöne Reisen zu erleben.

(Ex-)Bausoldatentreffen 20. bis 22.08.2019

Wir, einst vor vielen Jahren
einmal Bausoldaten waren,
wollen keineswegs als Helden
aus vergang'nen Zeiten gelten,
vielmehr ist es uns Begehren,
dass wir solche Menschen wären,
die als Christen hier auf Erden,
wie es Gott will, Täter werden,
die stets friedlich ohne Waffen
Lösung von Problemen schaffen,
die von Gottes Geist getrieben,
statt zu hassen, Menschen lieben,
die, was sie von Gott erhalten,
recht, wie Er es will, verwalten
und, was sie mit Gott erleben,
dienend andern weitergeben.
Darum ist es auch geschehen,
dass wir gern uns wiedersehen,
wie es, wie man's hier kann lesen,
auch in Kohren ist gewesen,
wo wir meist mit Ehegatten
schon so viele Treffen hatten.

Die Krone

Nur wer einmal ein Königssohn
war in den Kindertagen,
kann später auf des Königs Thron
die Königskrone tragen.

Natürlich ist es mir auch klar,
dass schon an manchen Orten
es auch mal eine Tochter war,
die Königin geworden.

Wer heute eine Krone hat,
trägt meist sie aus dem Grunde:
beim Zahnarzt fand Behandlung statt
der Zähne in dem Munde.

Man setzte eine Krone ein
nach ärztlichem Ermessen.
Sie soll dann eine Hilfe sein
fürs Kauen bei dem Essen.

In einem deutschen Nachbarland,
dort wo die Tschechen wohnen,
bezahlt man, wie bei uns bekannt,
jetzt immer noch mit Kronen.

Hat man da eine Krone nur
an Geld in seinen Händen,
muss eine ganze Einkaufstour,
bevor sie losgeht, enden.

Doch aus der Bibel weiß ein Christ,
wenn Kronen wir vergleichen:
die wichtigste von allen ist
die, die nur Gott kann reichen.

Bei Gott in Seiner Herrlichkeit
dann ewiglich zu leben,
will Er uns nach der Erdenzeit
als Lebenskrone geben.

(siehe 2. Tim. 4,8; 1. Petr. 5,4; Jak. 1,12;
Off. 2,10)

Unterwegs im Hotel

Es waren da sechs liebe Frauen.
Ich setzte mich zu ihnen hin.
Zu ihnen hatte ich Vertrauen,
dass ich bei ihnen glücklich bin.

Und mein Gefühl hat nicht getrogen.
Wenn ich zu Tisch bei ihnen saß,
dann waren alle mir gewogen,
und es gab auch so manchen Spaß.

Und weil die da bei jedem Essen
so lieb stets waren und so nett,
drum werde ich niemals vergessen
das ganze herrliche Sextett.

Warnung

Es bereitet keine Mühen,
über andre herzuziehen;
doch es sind recht schwere Sachen,
selbst es besser dann zu machen.

Manchmal sagen jetzt Parteien,
dass sie andern böse seien;
doch wenn sie zur Macht geraten,
gibt das dann viel größ'ren Schaden.

Drum will ich vor denen warnen,
die die Menschen nur umgarnen,
die nicht das sind, was sie scheinen,
und nicht sagen, was sie meinen.

Glaubensgewissheit

Dir rat ich, Dich im Glauben fest
in Gottes Hand zu geben.
Dass Er Dich dann nicht fallen lässt,
kannst Du gewiss erleben.

Dass Gott der Herr allmächtig ist,
sind nicht nur leere Worte.
Man kann das spüren als ein Christ,
egal an welchem Orte.

Doch dem, der nur sich selbst vertraut
und seinen Möglichkeiten
und nur auf das, was irdisch, schaut,
wird Gott kein Heil bereiten.

Wenn jetzt auch mancher Schlechtes tut,
bist Du in Gottes Händen,
dann wird für Dich doch alles gut
in Gottes Reich einst enden.

Pferde und Männer

Wir haben eine Reiterin
in unserm Pfarrkonvente.
Da kam mir kürzlich in den Sinn,
dass ich ihr sagen könnte:

Es bleibt ein Pferd Dir immer treu.
Darauf kannst du vertrauen.
Jedoch ein Mann schaut ohne Scheu
nach vielen schönen Frauen.

Drum, Dame, bleib bei Deinem Pferd,
ist es von edler Rasse;
denn leider ist kein Mann es wert,
dass man ein Pferd verlasse.

Die Einzigartigkeit Jesu

So manche Frau ein Kind gebar
vor langer Zeit wie heute.
Doch Jesus Gottes Sohn auch war,
der Heiland aller Leute.

So mancher ließ dann aus dem Mund:
„Ihr könnt auf mich fest bauen."
Doch Jesus nur gab wahren Grund,
Ihm völlig zu vertrauen.

Was mancher auch geleistet hat,
ist Jesus doch der Größte.
Durch Ihn fand die Befreiung statt,
die uns von Schuld erlöste.

Es ist der Tod des Lebens Teil.
Ein jeder Mensch muss sterben.
Doch kann ein Christ bei Gott das Heil
durch Jesu Tod erleben.

Es ist für jeden dann ein Grab
als letzter Ort vorhanden.
Für Jesus es ein Weiter gab,
weil Er vom Tod erstanden.

Er kam in Gottes Himmelreich,
um ewig dort zu leben,
und kann, dass wir Ihm darin gleich,
berechtigt Hoffnung geben.

Mensch und Christ

Es war in irgendeinem Jahr,
dass eine Mutter dich gebar.
So kamst du irgendwo zur Welt,
egal, ob diese dir gefällt.
Du tratest in ein Leben ein,
um eine Zeit lang Mensch zu sein.
Und was zum Leben nötig ist,
hast du, seit du geboren bist.
Der Leib all die Organe hat,
sodass beim Menschen findet statt,
dass es nach seinem Anfang dann
bei ihm auch weitergehen kann.
Er hört, bewegt sich und er sieht,
was nun um ihn herum geschieht,
und lernt dann bald auch, wie man geht
und, was gesagt wird, auch versteht.
Und so besteht die Lebenszeit
aus mancher Freude, manchem Leid.
So manches ist im Leben gut,
was man erlebt und selber tut.
So manches dann verschafft Genuss,
manch anderes macht uns Verdruss,
bis bei uns Menschen dann der Tod
beendet Lebenslust und -not.

Doch lädt uns Jesus Christus ein,
als Mensch auch noch ein Christ zu sein;
und gut ist es für jedermann,
nimmt diese Einladung er an,
weil doch das Leben als ein Christ
das Schönste an dem Menschsein ist.

Er, der des Christseins fester Grund,
macht mit dem Christen einen Bund,
bei dem Er sich dann so verhält,
dass man durch Ihn das Heil erhält.
Durch Ihn uns Gott als Vater liebt,
der uns auf Erden alles gibt,
das bis zu dieses Lebens Schluss
man hier auf Erden haben muss.
Weil Christus selbst das Werk vollbracht,
das frei von aller Schuld uns macht,
braucht man als Christ zu fürchten nicht
nach seinem Tod das Weltgericht.
Durch Jesus Christus nimmt man teil
an dem durch Ihn gewirkten Heil.
Damit man dieses recht bedenkt,
hat Gott uns Seinen Geist geschenkt,
dass bis zu seinem Tode man
in diesem Glauben bleiben kann.
Und nach dem Tode fängt doch dann
für Christen neues Leben an,
dass man den Engeln Gottes gleich
dann ewig lebt in Gottes Reich,
befreit von allem Erdenleid
in wunderbarer Herrlichkeit.
So hat es einen guten Sinn,
dass ich als Mensch ein Christ auch bin.

Mein Helfer und ich

Von mir mit Recht man sagen kann,
dass ich gewiss kein starker Mann,
der stets mit seiner Riesenkraft
für alles eine Lösung schafft.
Auch wenn mir selbst das nicht gefällt:
Ich bin als Mensch kein großer Held.
Auch stell ich mich nicht stärker hin,
als ich nun leider einmal bin,
es wäre mir zu viel Verdruss,
wenn stets ich mich verstellen muss.

Doch wenn vielleicht ein Mensch jetzt meint,
dass er mich einschätzt als den Feind,
den leicht er bald besiegen wird,
dann denke dabei ich: Er irrt.
Denn ich bin doch als Mensch ein Christ,
der fest mit Gott verbündet ist,
und es kommt nie ein Mensch daher,
der letztlich stärker ist als Er.

Wenn deshalb irgendwann mir Not
von irgendeinem Menschen droht,
dann wende voll Vertrauen ich
an Jesus, meinen Heiland, mich:
„Ach, Jesus, lieber Heiland, Du,
nun wende Dich mir gnädig zu,
damit ich, was ich brauche, bald
von Dir als Hilfe recht erhalt!"

Und wer das tut, kann voll Vertrau'n
in seine eigne Zukunft schau'n.
Das ist nicht fromme Rede nur,
das ist es, was ich selbst erfuhr,
wo letztlich es ganz anders kam,
als man es einst in Angriff nahm,
weil Gott doch schließlich offenbar
als Helfer mir zur Seite war.
So stelle ich es dankbar fest:
Wohl dem, der sich auf Gott verlässt.

Leben mit Jesus

Wer Jesus Christus sich geweiht,
der ist doch herrlich dran;
denn wenn sein Herz nach Liebe schreit,
dann bietet Er sie an.

Zwar ist Er Herr und Du bist Knecht;
Er ist der, der bestimmt.
Doch meint Er nie mit Dir es schlecht;
Er gibt und will: man nimmt.

Das ist von allerhöchstem Wert,
nichts andres ist ihm gleich,
weil Jesus Christus uns beschert
das Sein im Himmelreich.

Drum halte Dich an Jesus fest,
lass Ihn ins Herz hinein;
denn was Er Dich erleben lässt,
wird Wunderbares sein.

Bachs Weihnachtsoratorium

Wir sangen kürzlich Bachs WO
und machten damit Leute froh.
Dass Gott nun bei uns Menschen wohnt,
hat einstmals Bach ganz toll vertont.
Er bringt uns musikalisch nah,
was einst in Bethlehem geschah.
Wenn die Musik wird aufgeführt,
sie stets die Seele tief berührt.
Egal, ob Chormusik erklingt,
ob einer der Solisten singt,
ob das Orchester etwas spielt,
stets Bachs WO Effekt erzielt.
Doch gebt nicht auf Musik nur acht!
Die Botschaft ist's, die selig macht.
Es geht um unsres Glaubens Kern.
Es geht um Christus, unsern Herrn,
den die Maria einst gebar,
der menschlich und auch göttlich war,
der uns als wahrer Gottessohn
will führen zu des Vaters Thron.

Christine

Denk ich manchmal an Christine,
dann erhellt sich meine Miene,
denn ich bin vor vielen Jahren
mit ihr Straßenbahn gefahren.

Oft schon in den Morgenstunden
haben wir uns eingefunden
an derselben Haltestelle,
aber dann auf alle Fälle

trafen wir uns später immer
in demselben Klassenzimmer,
wo die Lehrer uns belehrten,
auf dass wir noch klüger werden.

War der Unterricht vergangen,
sind, um heimwärts zu gelangen,
wir dann wieder mit Vergnügen
in die Straßenbahn gestiegen.

Ich bemerke bei ihr eines:
Ihr Empfinden war ein feines;
doch es musste dann so enden,
dass sich unsre Wege trennten.

Später ist es dann geschehen,
dass wir dann uns wiedersehen,
wenn wir Klassentreffen haben,
wo wir stets uns hinbegaben.

Doch wir merkten mit Bedauern:
Es gibt zwischen uns jetzt Mauern,
wo wir nicht die Chancen finden,
sie so recht zu überwinden.

Es ist Wunsch mir, dass wir wagen,
wirklich alles uns zu sagen
und auch ehrlich da zu sprechen
über eigne Schuld und Schwächen.

Möge Gott die Gnade geben,
dass ich das noch kann erleben.
Mehr als viele andre Sachen
würde das mir Freude machen.

Frau Elfmann und der Kirchenchor

Da, wo ein Kirchenchor besteht,
es ihm um gutes Singen geht,
und es gibt da in einem Chor
Sopran und Alt, Bass und Tenor.
Von Frauen wird das dann getan
im Alt und auch in dem Sopran,
dagegen Männer machen das
dann im Tenor und auch im Bass.
In unsrer Paulus-Kantorei
ist die Frau Elfmann mit dabei.
Da frage ich mich, was geschieht,
wenn die Frau Elfmann elf Mann sieht.
Wünscht sie, dass sich noch einer find't,
dass es statt elf Mann zwölf Mann sind?
Wünscht gar sie, es würd' einer gehn?
Dann wären es statt elf Mann zehn.
Ich denke aber, es ist so:
Frau Elfmann machen elf Mann froh.

Frau Elfmann und Jesu Jüngerschar

Weil einst in Jesu Jüngerschar
auch Judas, der Verräter, war,
der, was sehr hart man tadeln muss,
den Herrn verriet mit einem Kuss,
dann diese Tat zwar hinterher,
als es zu spät, bereute sehr,
weshalb bei ihm es dazu kam,
dass er sich selbst das Leben nahm,
so gingen dann in Jesu Spur
statt zwölf Mann leider elf Mann nur.

Und deshalb tut mir manchmal weh,
wenn ich jetzt mal Frau Elfmann seh,
denn sie erinnert mich daran,
dass es auch jetzt passieren kann,
dass jemand, der zwar scheinbar Christ,
in Wirklichkeit Verräter ist.

Most beim Abendmahl

In der Gemeinden Überzahl
geschieht es jetzt beim Abendmahl,
dass dem man, der mal Trinker war,
im Kelch reicht Most zum Trinken dar;
und dabei findet das man gut,
weil man es ja aus Liebe tut,
weil man besorgt doch darauf sieht,
dass nicht ein Rückfall dann geschieht,
dass nicht ein Mensch dann irgendwann
gleich wieder fängt zu trinken an,
obwohl es ihm nur darum ging,
dass er das Abendmahl empfing.

Ich wende jetzt dagegen ein:
es kann der Unglauben auch sein,
der jetzt die Pfarrer dazu treibt,
dass man nicht stets bei dem nur bleibt,
wie Jesus das geordnet hat,
als einst bei Ihm das Mahl fand statt.

Es hat doch Jesus nicht bestimmt,
dass manchmal Most statt Wein man nimmt.
Es waren einst nur Brot und Wein,
wobei durch Sein Wort es trat ein,
dass dieses wurde uns zugut
zu Seinem Leib und Seinem Blut.
Wenn nun der Heiland Jesus Christ
beim Abendmahl zugegen ist,

er dies doch nie geschehen lässt,
dass der, der sich auf Ihn verlässt,
wenn er das Abendmahl erhält,
erneut dem Trunke dann verfällt.
Drum gebe allen ich den Rat:
Macht so es, wie es Jesus tat,
und seid dabei zu aller Zeit
an Ihn zu glauben recht bereit.

Weltliches und Christliches

Es wird in dieser Welt gelehrt:
Stets stark zu sein, das ist von Wert,
weil der nur in der Welt besteht,
der notfalls über Leichen geht;

weshalb das Lebensmotto ist:
Zeig stets dich stärker, als du bist,
und machtest einen Fehler du,
dann gib ihn nie vor andern zu!

Jedoch das Herz im Innern schreit:
Übt doch an mir Barmherzigkeit,
denn letztlich macht es nur Verdruss,
wenn immerzu man lügen muss!

Drum wisse, dass es einen gibt,
der, wie du bist, dich wirklich liebt,
wo hilfreich man erleben kann:
Er nimmt sich gern der Sünder an.

Er will barmherzig mit uns sein
und lädt uns zur Vergebung ein,
die Er uns möglich hat gemacht,
weil Er das Heilswerk hat vollbracht.

Er, der als Mensch zur Erde kam,
der Sünder Strafe auf sich nahm,
die Gottesferne überwand
und von den Toten auferstand.

Ja, Jesus bringt für jeden Heil,
wer an ihn glaubt, hat an dem teil,
das aus dem Elend uns befreit
und führt zu Gottes Ewigkeit.

Menschliche Schwachheit und göttliche Kraft

Es zeigt die Gegenwart es an,
dass man nicht viel ertragen kann,
wenn irgendwann etwas geschieht,
was man da hört und was man sieht,
was man zu eigenem Verdruss
von anderen erleben muss.
Es hält ein Mann in seinem Haus
mit seiner Frau es oft nicht aus,
hat sie in ihm den Wahn zerstört,
dass sie in allem auf ihn hört.
Weil sie sich oft nicht so verhält,
wie es dem Ehemann gefällt,
weil manches anders sie gemacht,
als er es vorher sich gedacht,
weil sie gar manchmal zu ihm spricht:
„Nein, lieber Mann, so geht das nicht",
weil sie auch manchmal was vergisst
und eben nicht vollkommen ist –
doch sei die Anmerkung gewährt:
es ist genauso umgekehrt –,
stellt manches Paar auf einmal fest,
dass man sich lieber scheiden lässt,
als dass es nach bestimmter Zeit
ein jedes Mal dann kommt zum Streit.
Es fand sogar schon dieses statt,
dass er die Frau getötet hat
und dann die Kinder noch danach,
bevor er dann sich selbst erstach.
Weil sich so mancher nicht fühlt wohl,
betrinkt er sich mit Alkohol,
und mancher nimmt das Leben sich,
weil er es findet fürchterlich.

Da, wo man lebt, in diesem Staat,
geschieht auch zu viel Missetat.
Der Staat zwar gern die Steuern nimmt,
jedoch was er im Land bestimmt,
das reicht sehr vielen Leuten nicht,
dass ihren Wünschen es entspricht.
So manches ist jetzt ungerecht.
Den armen Leuten geht es schlecht.
Aus Asien und Afrika
sind jetzt zu viele Leute da.
Und was die Umwelt jetzt betrifft,
gibt's zu viel CO2 und Gift.
Drum wird geschimpft auf unsern Staat,
dass stets er viel zu wenig tat.

Doch anderen gefällt er sehr,
drum kommen sie nach Deutschland her,
und unser armes Vaterland
wird jetzt von ihnen überrannt,
und wenn man so etwas jetzt tut,
dann ist das wieder auch nicht gut:
Weil uns so vieles nicht behagt,
wird vielerorts bei uns geklagt.

Wie traurig ist das alles doch!
Gibt es da eine Hilfe noch?
Es bietet uns die Bibel an,
was aus dem Elend retten kann.

Es wird die Welt wohl niemals mal,
wie wir sie wünschen, ideal,
denn alles, was der Mensch beginnt,
hat Grenzen, weil wir Sünder sind.

Doch kommt von Gott her eine Kraft,
die dieses auszuhalten schafft.

Es gibt uns Gott von Seinem Geist,
der uns an Jesus Christus weist,
der uns von unsrer Schuld befreit
und führen will zur Ewigkeit,
wo alles ist so wunderbar,
wie nie es hier auf Erden war.
Von solcher Hoffnung ganz beseelt,
erträgt man, was auf Erden quält;
und Kraft, die Gott durch Christus gibt,
bewirkt, dass man dann christlich liebt
und in der Liebe auch erträgt,
wenn Schlechtes uns entgegenschlägt.
Weil man von Christus Licht erhält,
wird selbst man dann zum Licht der Welt.
Es dringe dann von diesem Schein
sehr viel in unsre Welt hinein!

Dubiose Technik

Wenn heute allgemein man denkt,
dass uns die Technik dieses schenkt,
dass alles immer schneller wird,
dann sage jetzt ich, dass man irrt.
Zwei Männer führe ich jetzt an,
durch die ich das beweisen kann.

Als 1812 das Jahr,
in dem in Frankreich Kaiser war,
der sich genannt Napoleon
und viele Kriege führte schon,
da hatte plötzlich er das Ziel,
dass er auch Russland überfiel.
Im nächsten Jahr geschah schon dies,
dass Russland wieder er verließ
und sich in einem andern Land,
das damals Preußen hieß, befand.

Nach mehr als hundert Jahren dann
gab es in Deutschland einen Mann,
der nach acht Jahren an der Macht
sich Folgendes dann hat gedacht.

Jetzt, da besiegt sind andre schon,
geht's gegen die Sowjetunion.
Das fand mit vielen Panzern statt,
weil Technik sich entwickelt hat
und weil ein Vormarsch mit dem Ding
doch scheinbar sehr viel schneller ging,
als wenn ein jeder, der Soldat,
es mit den eignen Füßen tat.

Jedoch erst in dem vierten Jahr
die Rückkehr zu der Grenze war.
Es fand dann also dieses statt,
dass länger es gedauert hat,
bis er von dort zurückgekehrt,
was uns doch deutlich dieses lehrt:
Es muss nicht alles schneller sein,
setzt man dafür mehr Technik ein.

Stilles Gottvertrauen

Wenn Menschen dir nur wollen zeigen,
wie stark und auch wie klug sie sind,
dann sollte man wie Jesus schweigen,
weil man durch Reden nichts gewinnt.

Man soll dann nicht auf Menschen schauen
mit ihrem ach so tollen Schein;
man soll vielmehr auf Gott vertrauen
und fest in seinem Glauben sein.

Und gab man sich in Gottes Hände,
dann bleibt durch Seine Kraft man still
und weiß, es kommt gewiss am Ende
doch immer so, wie Gott es will.

Muss man zunächst auch Leid erleben
und dass man einem Unrecht tut,
kann glaubend es Gewissheit geben:
Durch Gott wird letztlich alles gut.

Auch hier hilft das Auf-Jesus-Sehen,
den zwar man einst gekreuzigt hat,
doch fand für Ihn ein Auferstehen
zu neuem, ew'gem Leben statt.

Nach gläubig stillem Leidertragen
in dieser Welt und dieser Zeit
hält Gott nach unsern Erdentagen
viel Herrlichkeit für uns bereit.

Tischgebet

Vor diesem Essen sitzen wir
und danken, Gott und Schöpfer, Dir;
denn dankbar stellen wir es fest,
dass stets Du so viel wachsen lässt,
dass jeder Mensch davon wird satt,
wenn man gerecht verteilt es hat.

Die Fichte

Reden will ich im Gedichte
heute mal von einer Fichte,
die mit anderen gestanden,
wo ein großer Wald vorhanden.
Doch begann des Holzes wegen
man dort Bäume abzusägen;
und man kam auch an die Stelle,
dass man diese Fichte fälle.
Und nun lag sie auf der Erde,
dass verarbeitet sie werde.
Doch nachdem sie dieses machten,
sagte dann nach dem Betrachten
dort der Chef mit großem Stolze:
„Diese ist von gutem Holze.
Weil wir dieses jetzt erkennen,
soll sie nicht im Ofen brennen.
Zu ’nem Buch mit vielen Seiten
soll man weiter sie bereiten.“
Und so wurden ungelogen
aus der Fichte viele Bogen,
die man zu dem Drucker schickte.
Dieser, als er sie erblickte,
dachte dann nach seinem Gucken:
Welches Buch soll ich denn drucken?
Und er dachte: Gut für jeden
sind von Fichte dessen „Reden
an die deutsche Nation“, die,
als einst Herr Napoleon sie
damals grausam unterdrückte,
es im Innersten beglückte,

dass ein Deutscher da es wagte,
dass er solche Worte sagte.
Und so endet die Geschichte,
so, wie sie begann, mit Fichte.

Unlogische Zusammenhänge

Der bei uns Leiter war vor Jahren,
hat leider manches Leid erfahren,
doch leider litt dann Leid er weiter:
er fiel von einer Leiter leider.

Und wie der wieder ausgesehen,
da mussten wir ihm widerstehen.
So haben wieder wir nach Wochen
ihm widerspenstig widersprochen.

Ich werde die, die Waisen heißen,
zu einem weisen Weißen weisen
und dort mit frohen Weisen preisen,
sollt' dieses sich als gut erweisen.

Auch bei den Saiteninstrumenten
muss man die Notenseiten wenden,
seit er das braucht an seiner Seite,
tut sie's in seidenweichem Kleide.

Auf unserm Boden lagen Noten,
die uns einst Boten angeboten.
Doch boten Boten wir nicht Spuren
von dem, was wir in Booten fuhren.

Man(n) und Frau

Frau Meyer hat die Fahrt gebucht,
bei der man Mannheim auch besucht.
So manchem Mann hat wohlgetan,
wen man da sah am Frauenplan.
So manche Frau, so mancher Mann
kommt auf der Fraueninsel an.
Auch im Fraunhofer-Institut
so mancher Mann die Arbeit tut.
Frau Müller hat sich sehr gefreut,
dass auch ihr Mann will nach Fraureuth.
Man hat Frau Schulze mal gefragt,
was mancher Mann in Mansfeld sagt.
Man sieht bei dieser Frau genau:
Ihr Dobermann ist eine Frau.
Als Mann gesteh man Frauen zu:
Man braucht auch manchmal Frauenschuh.
Frau Lehmann sprach Frau Fischer an:
„Man kennt die Firma Mannesmann."
Man weiß, dass es den Manfred gibt,
der mannigfaltig Frauen liebt.
Manierlich muss als Mann man sein,
fährt man mit Frau nach Frauenstein.
Weil da ein Mann mit Glatze war,
drum schenkte man ihm Frauenhaar.
In der Manege war dabei
Frau Hempel aus der Mandschurei.
Man hat als Mann zwar viel geschafft,
doch ohne Frau war's mangelhaft.
Man merkt es manchmal: hier im Staat
hat manche Frau jetzt ein Mandat.
So manchem Mann ist schon passiert,
dass ihn die Frau manipuliert.

Falsche und echte Heilsbringer

Fangt endlich recht zu lernen an
aus dem, was einst gewesen.
Was man nicht selbst erlebt hat, kann
man ja in Büchern lesen.

Glaubt nicht, wenn jemand euch versprach,
durch ihn es herrlich werde!
Schaut lieber in der Bibel nach,
was Jesus Christus lehrte!

Wenn sich ein Mensch dazu erklärt,
dass er zum Heil kann führen,
am Schluss nur Elend man erfährt.
Das war schon oft zu spüren.

Was Kaiser Wilhelm einst verhieß,
sie kamen nicht, die Zeiten.
Doch schlimmer war durch Hitler dies,
was Menschen mussten leiden.

Und auch was Herr Karl Marx gelehrt,
dass Kommunismus käme,
erwies sich dann als ganz verkehrt.
Ich sag das ohne Häme.

Wenn jemand über Gott sich stellt,
verletzt hat Seine Ehre,
er Seine Strafe dann erhält.
Das sei dir eine Lehre.

Das, was zu unserm Heil geschah,
durch Jesus ist geschehen,
durch Seinen Tod auf Golgatha
und durch Sein Auferstehen.

Weil Er Versöhnung hat vollbracht,
wird uns die Schuld vergeben.
Weil Er besiegt des Todes Macht,
auch wir dann ewig leben.

Gesegnetes Altern

Musst du im Alter langsam merken,
dass das, was früher deine Stärken,
jetzt nicht mehr so wie einst vorhanden,
weil manche Kräfte doch schon schwanden;
und du musst dich zu manchen Dingen,
die früher fast von selber gingen,
jetzt mehr und mehr zu diesen zwingen,
damit es dir noch kann gelingen,
dann sollst du dich nicht dessen schämen
und allzu sehr darüber grämen,
du sollst stattdessen voll Vertrauen
auf das, was Gott bereithält, schauen.
Du sollst an Jesus Christus denken
und das, was Gott durch Ihn will schenken,
was nach dem Leben hier auf Erden
wir dann durch Ihn erleben werden,
dass, wie mit Jesus ist geschehen,
wir von den Toten auferstehen
und alles Leid von uns wird weichen,
wenn wir das Himmelsreich erreichen,
in das uns Jesus dann wird führen,
wo Gottes große Macht wir spüren,
von großer Herrlichkeit umgeben
mit Jesus Christus ewig leben,
wie sie auch nur in schwachen Bildern
die Bibel kann ein wenig schildern.
Weil wir als Christen diesem andern,
das besser ist, entgegenwandern
und uns dem Ziele näher finden,
wenn langsam unsre Kräfte schwinden,
woll'n wir in unsern alten Tagen
vermehrtes Leid geduldig tragen.

Der Vorrang Gottes

Beim Glauben stets es darum geht,
dass Gott an erster Stelle steht.
Wenn dies der Mensch nicht anerkennt,
die Bibel das die Sünde nennt.

Der Mensch dabei auch dies vergisst,
dass all sein Tun nur möglich ist,
weil Gott ihn so geschaffen hat,
dass in ihm Leben findet statt.

Dass gut es zugeht in der Welt,
hat Forderungen Gott gestellt,
und sie zu tun ist Menschenpflicht.
Doch sie erfüllt der Mensch oft nicht.

Weil wegen dieser Sündennot
dem Menschen das Verderben droht,
muss wieder selbst Gott greifen ein,
soll nicht der Mensch verloren sein.

In Jesus Gott auf Erden kam,
die Sündenstrafe auf sich nahm,
damit durch Schuldvergebung dann
ein Mensch vor Gott bestehen kann.

Sein Tod am Kreuz von Golgatha
so einst zu unserm Heil geschah;
und nach dem Tod Sein Auferstehn
ist uns zur Nachfolge geschehn.

Dass diesem Jesus man vertraut
und nicht nur auf sich selber schaut,
dass Jesus man als Heiland sieht,
auch wieder nur durch Gott geschieht.

Der Heil'ge Geist gibt Menschen Kraft,
dass man den Sprung zum Glauben schafft
und statt an Dinge dieser Welt
sich fest an Jesus Christus hält.

Weil Gott nun so uns Menschen liebt,
weil Er uns so viel Gutes gibt,
drum geben wir den Vorrang gern
Gott unserm Schöpfer, unserm Herrn.

Überfreudetes Leid

Durch Jesus Christus findet statt,
dass dann ein Christ auch Freude hat,
wenn krank in seinem Bett er liegt
und nichts mehr recht zustande kriegt.

Es bringt für ihn ja doch der Tod
nicht nur das Ende aller Not;
es gibt für ihn den Neubeginn:
Gott führt zur Ewigkeit ihn hin.

Wie einst mit Jesus ist geschehn,
wird auch für ihn es weitergehn,
denn wie Er einstmals es versprach,
holt er die Seinen zu sich nach. (Joh. 12,32)

So lenken wir in unserm Leid
den Blick auf Gottes Ewigkeit,
und dieses macht uns frohen Mut:
Es wird am Ende alles gut.

Dort macht uns nichts das Leben schwer:
Tod, Krankheit, Bosheit gibt's nicht mehr.
Stattdessen gibt es Schönes da,
wie man das nie auf Erden sah.

Von solcher Hoffnung überstrahlt,
macht gläubig leiden sich bezahlt.
Wer in der Welt mit Christus litt,
den nimmt zur Herrlichkeit Er mit. (Röm. 8,17)

Christliche Nächstenliebe

Wenn jemand, der die Bibel kennt,
die Liebe Nächstenliebe nennt,
dann wird es falsch, wenn jemand denkt:
da wird die Liebe eingeschränkt.

Wenn irgendjemand von sich gibt,
dass er doch alle Menschen liebt,
dann merkt ein jeder Realist,
dass das nur eine Phrase ist.

Die Nächstenliebe ist konkret,
wobei es um den Menschen geht,
den man jetzt sieht in seiner Not.
Hier gilt zu lieben das Gebot.

Und dabei schränkt es gar nicht ein.
Ein jeder kann der Nächste sein;
auch der, von dem vielleicht man meint,
es sei doch dieser Mensch ein Feind.

So stellte Jesus einst es dar,
dass es ein Samariter war,
der einen kranken Juden fand
und hilfreich ihm zur Seite stand.

Die Liebe darin nun beruht,
dass dieses man erkennt und tut.
Ein jeder, der sich so verhält,
darf wissen, dass das Gott gefällt.

Die Stasi – Vergangenheit und Gegenwart

Im DDR genannten Staat
die Stasi damals dieses tat:
Sie hat die Leute überwacht
und sicherte des Staates Macht.

Jedoch verhinderte sie nicht,
dass dieser Staat zusammenbricht.
Die alte DDR verschwand
zum neuen deutschen Vaterland.

Die in der Stasi Diensten doch,
sie lebten dann auch weiter noch,
als es das alles nicht mehr gab,
von dem ich erst berichtet hab.

Ihr, die ihr nun belastet seid
mit Stasi-Zeit-Vergangenheit,
seid bitte dann nicht mehr ganz still,
wenn man darüber reden will.

Habt keine Angst, dass dies geschieht,
dass über euch man her nun zieht,
denn es ist kein Mensch wirklich gut,
am wenigsten, wer dieses tut.

Das alles, was uns heute trägt,
ist von Vergangenheit geprägt,
was deutlich sich auch dann oft zeigt,
wenn man Vergangenes verschweigt.

Befreiung einem jeden bringt,
wenn diesem Menschen es gelingt,
dass ehrlich man mit jedermann
darüber dann auch reden kann.

Und hat ein Mensch euch wirklich gern,
dann hält ihn das nicht von euch fern,
wird diesem Menschen offenbar,
was diesbezüglich mit euch war,

weil Liebe alles gern verzeiht,
auch Fehler der Vergangenheit,
drum seid darüber doch recht froh,
denn wer euch liebt, liebt euch auch so.

Das Wichtigste im Leben

Das Höchste, das auf Erden hier
uns Menschen wird beschieden,
ist dies: von Gott bekommen wir
die Liebe und den Frieden.

Das ist's, wonach die Seele schreit
ganz tief im Herzen drinnen,
und dass bei Gott in Ewigkeit
wir dann das Heil gewinnen.

Zwar wird uns hier als größter Schatz
sehr vieles vorgegaukelt.
Doch das ist allenfalls Ersatz.
Wir werden oft verschaukelt.

Mit Smartphone und Computerspiel
kannst du dich zwar vergnügen.
Doch geht es um des Lebens Ziel.
Lass dich da nicht betrügen.

Für uns, die wir doch jedermann
dem Tod entgegengehen,
gibt es nur eines, was uns dann
noch hilft, um zu bestehen.

Durch Jesus wird das Weltgericht
für jeden sich begeben,
wenn Er das letzte Urteil spricht:
Verderben oder Leben.

Willst du zum Leben gehen ein,
dann kann ich dir nur raten:
Lass Jesus deinen Heiland sein.
Er heilt dir allen Schaden.

Er hat das Rettungswerk vollbracht.
Darauf darfst du vertrauen.
Er führt dich aus des Todes Macht,
um Seine Pracht zu schauen.

Die Oma H. und ihre Erlebnisse

Die Oma H. aus Omaha
ging auf verbot'nen Wegen;
und als sie meine Oma sah,
da wurde sie verlegen.

Die Oma H. aus Omaha,
sie machte tolle Sachen,
war sie bei meiner Oma da,
gab stets es viel zu lachen.

Die Oma H. aus Omaha,
sie wollte solo singen;
es gab ein großes Trallala,
weil alle Leute gingen.

Für Oma H. aus Omaha
gab es ein Liebesmärchen.
Die Oma B., sie sagte „Ja",
und nun sind sie ein Pärchen.

Die Oma H. aus Omaha
war Schönste allerorten;
jedoch die Miss Amerika
ist niemals sie geworden.

Die Oma H. aus Omaha,
sie lernte einmal Persisch;
jedoch von Persien der Schah,
'ne andere nahm der sich.

Die Oma H. aus Omaha,
sie wollte mit mir gehen.
Ich fragte: „Liebst du mich etwa?"
Da ließ sie gleich mich stehen.

Die Oma H. aus Omaha
war früher eine Schlanke.
Jetzt ist sie rund wie Omega,
da sagte ich: „Nein, danke!"

Die Menschen heute

Die Menschen sehnen sich nach Gaben,
die wir durch Jesus Christus haben,
nach Schuldvergebung, Seelenfrieden,
nach Liebe, wie sie Gott kann bieten.

Doch lassen sie vom Stolz sich leiten,
dass sie die Nähe Christi meiden,
denn Er verlangt in aller Schärfe,
dass man sich Ihm ganz unterwerfe.

Er ist der Herr, und wir sind Knechte,
was Er bestimmt, das ist das Rechte.
Es hat ein Christ in seinem Leben
die Führung Ihm zu übergeben.

Doch jeder, der das tat, der spürte:
Es war so gut, wie Er mich führte;
und schließlich geht's auf Seinen Wegen
dem Ziel der Ewigkeit entgegen.

Alte Leute

In Zwickau an den Haltestellen
hab ich jetzt in den meisten Fällen,
bevor die Straßenbahn gekommen,
auf einer Bank erst Platz genommen.

Als da sich eine Frau auch setzte,
ich eines Tages zu ihr schwätzte:
„Wir Alten wissen es zu schätzen,
dass es gibt Bänke, sich zu setzen.

Vorbei ist's mit den guten Jahren,
als wir noch in der Lage waren,
sehr weite Strecken gut zu gehen
und auch mal lange Zeit zu stehen."

Jedoch als Christ will ich nicht klagen,
bedrücken mich die Altersplagen,
denn als von Leid, Schmerz, Tod Befreiter
geht dann bei Gott das Leben weiter.

Leipziger Fußball und christlicher Glaube

Fürs Fußballspiel in Leipzig gilt:
was sich da hat begeben,
das ist ein wunderbares Bild
für unser Menschenleben.

Man traute auf die eigne Kraft,
und da ist es geschehen:
man hat am Ende nichts geschafft
und musste untergehen.

Ob's VfB, ob's Sachsen war,
egal wie beide hießen,
am Ende war bei ihnen klar:
es wurde nichts mit diesen.

Erst als ein Fremder alles hat
in seine Hand genommen,
fand dies für Leipzigs Fußball statt,
dass der Erfolg gekommen.

Das alles bietet sich doch an,
dass es uns Gleichnis wäre
und es für unsern Glauben dann
ganz Wichtiges uns lehre.

Der Mensch entrinnt dem Tode nicht,
egal wann er geboren,
und ist, wenn Gott Sein Urteil spricht,
als Sünder dann verloren.

So müsste wohl sein Ende sein,
weil er mit Schuld beladen,
doch sprang ein andrer für ihn ein,
zu heilen seinen Schaden.

Es kam einst Christus in die Welt,
vom Himmel auf die Erde,
damit der Mensch das Heil erhält,
durch Ihn gerettet werde.

Er hat das Werk für uns vollbracht,
das uns von Schuld befreite
und uns für immer selig macht
bei Gott an Seiner Seite.

Von Komponisten

Auch ohne Mozart dort zu hören,
ließ ich von Mo zart mich betören.
Im Bach die Bachforelle wohnte,
obwohl Franz Schubert sie vertonte.
Es muss ein Christ nicht heidnisch singen,
wenn Haydns „Schöpfung" soll gelingen.
Weil ihr bei Flotow floht, o Leute,
spielt man nicht Flotows „Martha" heute.
Wie ein Strauß Rosen ohne Blüten,
so sind Strauß' „Rosen aus dem Süden".
Wer Opern alle kennt wie Frieda,
kennt auch von Verdi die „Aida".
Es webten Weber hier im Lande
zur Zeit von Webers „Euryanthe".
Bevor sich Manfred zieht den Schuh an,
hört gern den „Manfred" er von Schumann.
Als Werke Mendelssohns entstanden,
war'n jene Händels schon vorhanden.
Es drang Musik an meine Ohren,
mit der sich Spohr verdient hat Sporen.
Es dachte einmal Brahms, Johannes:
„Ein deutsches Requiem" – ich kann es.
Musik von Schütz, man muss sie schützen,
denn sie kann allen Hörern nützen.
Bei Komponisten scheint von vielen
sich scheinbar Schein recht leicht zu spielen.
Als einst ein Lord Zingst mal beehrte,
die Opern Lortzings er begehrte.
Dass oft ein Maler malt, das ist klar,
doch auch mal Mahler Komponist war.

Das Größte

Das Größte, das es für mich gab,
ist – was ich gern bekenne –,
dass Christus ich gefunden hab,
Ihn meinen Heiland nenne.

Durch Ihn kam Gott mir gnädig nah,
will mich als Vater führen.
Er ist als Helfer für mich da.
Das konnte ich verspüren.

Und wenn mir manches nicht gefiel
in meinem Menschenleben,
so wusste ich doch um das Ziel,
das uns von Gott gegeben.

Er will, dass wir den Engeln gleich,
befreit von den Beschwerden,
bei sich in Seinem Himmelreich
auf ewig selig werden.

Und das ist keine Illusion,
die Menschen einst erfunden;
denn Christus hat doch Ostern schon
den Tod einst überwunden.

Er, der zu Seiner Himmelfahrt
in Gottes Reich gekommen,
will, dass, wer sich um Ihn geschart,
auch dort wird aufgenommen.

Danksagung

Wenn jetzt vermehrt aus Altersgründen
Gedanken in Vergang'nes münden,
dann denke ich an Gottes Segen
auf allen meinen Lebenswegen,
den ich auch spürte durch Personen,
wo Bilder mir im Herzen wohnen.
Drum will ich in des Alters Tagen
nochmals all denen Danke sagen,
die in vergang'nen Lebensjahren
mir echt und wahrhaft Freunde waren.
Ich danke jedem, der mich lehrte,
wie ich am besten fertig werde
mit allen möglichen Problemen,
die Menschen so in Anspruch nehmen;
dem, den bei meinen Defiziten
ich konnte stets um Hilfe bitten,
dem, dem ich konnte auch erwähnen
geheimes Denken, Fühlen, Sehnen.
Ich danke Freunden und Verwandten,
die hilfreich sich mit mir verbanden,
die niemals mich im Stiche ließen,
egal wie die Probleme hießen,
die Tröster waren mir im Leide
und Beistand waren in dem Streite,
die freundlich stets zu mir geredet
und auch zu Gott für mich gebetet,
die Sympathie für mich empfanden
und auch an meiner Seite standen,
wenn Feinde Böses sich erdachten,
dass sie mich möglichst fertigmachten,
die schnell mir auch die Schuld vergaben,
wenn sie von mir erlebt sie haben,

die ehrlich meine Leistung schätzten
und nicht nur dumme Worte schwätzten,
die wahre Liebe mir erwiesen,
die dankbar konnte ich genießen,
all denen, die recht lieb mich hatten,
will nochmals ich jetzt Dank abstatten.

Klagelied über die evangelische Kirche heute

Die Kirche ist, so muss ich meinen,
fast nur mir noch ein Grund zum Weinen.
Von Gott zu reden, ist veraltet,
drum wird Sein Wirken ausgeschaltet.
Es zählen nur noch solche Sachen,
die wir als Menschen selber machen.
Zwar lässt es sich nicht ganz vermeiden,
dass man auch spricht von Jesu Leiden,
denn dass das Kreuz der Christen Zeichen,
das ist zu klar, um abzuweichen.
Doch ist nicht deshalb Er gestorben,
dass Er uns hat das Heil erworben;
verloren hat Er einst Sein Leben,
um unserm Leiden Sinn zu geben,
weil eben auch zu unsern Zeiten
die Menschen an so vielem leiden.
Und Auferstehung umzudeuten,
das tat ja Goethe schon mit Freuden.
Was er in seinem „Faust“ geschrieben,
auch Theologen heute lieben:
das Osterfest ist jetzt vorhanden,
weil Menschen wieder auferstanden,
wenn irgendetwas sie bedrückte
und ihnen etwas mal nicht glückte.
Und auch beim Himmelfahrtsgeschehen
soll nur man auf uns Menschen sehen.
Was wir an Jesu Wirken schätzen,
das haben wir nun fortzusetzen.
Auch wenn das Abendmahl wir halten,
zählt nur noch unser Tun und Walten.
Es wird zwar Jesus nicht vergessen,
doch zählt, dass wir gemeinsam essen

und wir beim Abendmahlsgeschehen
in einem schönen Kreise stehen
und wir, bevor wir von dort weichen,
uns inniglich die Hände reichen.
So lassen wir als wahre Helden
doch letztlich unser Tun nur gelten,
wobei wir gar nicht uns mal fragen:
Was wird zu allem Gott denn sagen?
Wird ruhig Er zu allem schweigen,
wenn wir da unsern Hochmut zeigen?
Wird Er gar Seine Gnade schenken,
wenn wir nur an uns selber denken?
Die Kirche geht auf solchen Wegen
nur ihrem Untergang entgegen.
Ich kann der Kirche dies nur raten:
Verkündet Gottes große Taten,
und was auch heute sie den Leuten
zu ihrem wahren Heil bedeuten.

Heilung einer Gemeinschaft

So manche Leute heute meinen
von andern Leuten und von sich:
Wenn andre auch mal groß erscheinen,
der Allergrößte bin doch ich;

wobei sie auch darüber wachen:
ist einer scheinbar Konkurrent,
dann ist er gleich so schlecht zu machen,
dass jeder das auch klar erkennt.

So ist schon mancher Streit entstanden,
denn manchmal wurde offenbar,
dass auch Verblendete erkannten:
Was man da sagt, ist gar nicht wahr.

So ist Vertrauen zugeschüttet,
das man nicht mehr zum andern hat;
und die Gemeinschaft wird zerrüttet.
Die Selbstauflösung findet statt.

Um solchen Schaden recht zu heilen,
hilft alles zu verschweigen nicht.
Man sollte lieber sich beeilen,
dass offen man darüber spricht.

Um wirklich Heilung zu erleben,
ist nötig, dass man Schuld erkennt,
um sie einander zu vergeben,
wenn man zu Recht ein Christ sich nennt.

Margot und die Portoerhöhung 2019

Kostet auch das Porto leider
15 Cent pro Karte mehr,
schreibe ich an Margot weiter,
denn ich schätze die Frau sehr.

Kann die Margot sich noch freuen,
wenn die Karte sie erhält,
werde niemals ich bereuen
das da ausgegebne Geld.

Fußball, Frau Elfmann und ich

Fängt heutzutage irgendwann
mal jemand zu behaupten an,
dass es nicht ohne Fußball geht,
um den sich heute so viel dreht,
und auch im Fernsehn unentwegt
man Fußballspiele überträgt,
dann sage darauf ich zu ihm:
„Es sind auch wir ein Elfmann-Team,
doch haben wir ein andres Ziel.
Es geht uns nicht ums Fußballspiel.
Es wird durch uns etwas gelehrt,
was noch von sehr viel größrem Wert:
dass man als Mensch das nicht vergisst,
was wirklich lebenswichtig ist,
dass man vor Gott bestehen kann,
fängt Er die Welt zu richten an,
dass ganz auf Jesus man vertraut,
auf dass das Himmelreich man schaut.
Und was uns dabei steht bevor,
ist mehr als nur ein Fußballtor."

Die Seligpreisungen Jesu (Matth. 5, 3–12)

Wen Jesus selig einst gepriesen,
darf man in Versen jetzt genießen.
Die, dass sie geistlich arm sind, denken,
wird Gott vom Himmelreich beschenken.
Spürst du, dein Leid sei jetzt am größten,
dann wird dich Gott ganz herrlich trösten.
Die Sanftmut ist von großem Werte,
denn wer sie hat, dem dient die Erde.
Stets nach Gerechtigkeit zu streben,
lässt davon Sättigung erleben.
Die Menschen, die barmherzig waren,
soll'n selbst Barmherzigkeit erfahren.
Es werden die im Herzen Reinen
im Himmelreich bei Gott erscheinen.
Die Friedensstifter sind zu preisen;
sie werden Gottes Kinder heißen.
Wer unschuldig Verfolgung leidet,
dem ist das Himmelreich bereitet.
Erduldet wegen mir ihr Sachen,
dass lügenhaft sie schlecht euch machen,
dann gibt es herrlich Lohn für jeden,
so wie schon vor euch den Propheten.

Gesegnete Schwachheit

Stets war ich einer von den Schwachen,
drum dachte man, man kann doch leicht
mit mir es jedes Mal so machen,
dass schnell man, was man will, erreicht.

Jedoch stand Gott an meiner Seite
als treuer Helfer bis zum Schluss,
damit Er mir den Sieg bereite,
auch wenn zunächst ich leiden muss.

So habe ich mein Leid getragen,
auch das mir andre taten an,
weil Gott nach meinen Erdentagen
es herrlich mir vergelten kann.

Es will mir Jesus Anteil geben,
an dem, das Er erworben hat:
in Seinem Reich das ew'ge Leben.
Dort findet nur noch Freude statt.

Drum will ich nicht nach Rache schreien
und gebe lieber diesen Rat:
Man lasse sich die Schuld verzeihen,
die man an Gott und Menschen tat.

Dem Ziel entgegen

Es geht dem großen Ziel entgegen,
von dem einst Jesus Christus sprach,
nicht anders als auf Gottes Wegen
dem Heiland Jesus Christus nach.

Das Ziel ist nicht auf dieser Erde,
es liegt auch nicht in dieser Zeit.
Gott will, dass ewig leben werde
der Mensch in Seiner Herrlichkeit.

Weil Christus ist vom Tod erstanden,
nachdem auf Golgatha er starb,
ist diese Hoffnung uns vorhanden,
weil er für uns das Heil erwarb.

Ich möchte dieses Ziel erreichen,
bei dem man nur noch Freude spürt.
Drum will ich von dem Weg nicht weichen,
der hin zu diesem Ziele führt.

Ich bin getauft, wie er befohlen,
und bin seitdem ein Gotteskind.
Ich kann bei Gott nur Hilfe holen,
wenn irgendwo Gefahren sind.

Ich kann das Abendmahl empfangen,
geh sonntags ich zur Kirche hin,
um die Vergebung zu erlangen,
dass ich mit Gott in Frieden bin.

Ich kann daheim die Bibel lesen
zu früher oder später Stund,
damit ich weiß, was einst gewesen
und was für uns des Glaubens Grund.

Ich kann zu Gott auch immer beten.
Ihn stören meine Worte nicht.
Man kann als Christ so mit Ihm reden,
wie man mit seinem Vater spricht.

Ich kann, um christlich auch zu leben,
mir schenken lassen Gottes Kraft.
Er will den Heil'gen Geist gern geben,
der Wollen und Vollbringen schafft.

So will ich Gott mich anvertrauen
und an Ihn glauben felsenfest,
um dann in Ewigkeit zu schauen,
was Er mich da erleben lässt.

Passionszeit

Kommt wieder nun im Jahr die Zeit,
die wir Passionszeit nennen,
bitt ich dich, Herr, lass mich im Leid
den rechten Weg erkennen.

Lass mich auf Jesus Christus sehn
und auf Sein großes Leiden,
das einstmals darum ist geschehn,
das Heil uns zu bereiten.

Lass dankbar dies mich nehmen an,
dass meine Schuld vergeben,
dass ich durch Christi Gnade kann
mit Gott in Frieden leben.

Wenn sich in meinem Leben nun
auch manches Leiden findet,
kann es mir doch nichts Böses tun,
weil es an Christus bindet.

Und ich weiß dieses auch als Christ,
wenn Leiden ist vorhanden,
dass dieses nicht das Ende ist,
weil Christus auferstanden.

Und weil ich weiß des Leidens Sinn
in unsern Erdentagen,
ich, Herr, auch dafür dankbar bin,
dass ich muss Leiden tragen.

Christliche Adventsgedanken

Wenn im Advent die Menschen laufen,
um möglichst viel sich einzukaufen,
um alle die auch zu bedenken,
die einem selber etwas schenken,
dann wollen wir in diesen Tagen
mit allem Ernst uns selber fragen:
Was ist Besonderes geschehen,
dass Weihnachten als Fest begehen
in jedem Jahre Millionen,
die hier auf dieser Erde wohnen?
Von Müttern sind an vielen Orten
oft Kinder einst geboren worden,
so wie auch heute noch auf Erden
von Müttern sie geboren werden.
Was kann es da für Gründe geben,
nur Jesus so hervorzuheben?
Wir wollen in der Bibel lesen,
wie es mit Jesus ist gewesen.
Sie zeigt uns, dass man dies bemerke:
Hier war besonders Gott am Werke,
sodass wir Christen es bekennen,
dass Jesus Gottes Sohn wir nennen,
der uns zu Kindern Gottes machte
und dann für uns das Werk vollbrachte,
das uns von unsrer Schuld befreite,
damit wir dann an Seiner Seite,
weil Er dem Tod die Macht genommen,
in Seine Herrlichkeit mitkommen.
Darum als Christen wir begehren,
zu Weihnacht Jesus recht zu ehren.

An Frau Elfmann
oder Wichtige Ereignisse um 11 Uhr

Es sprach zu mir einst die Frau Elfmann:
„Wir treffen morgen uns um 11 dann."
Und darauf sagte dann die Elfrun:
„Ich muss das jeden Tag um 11 tun."
Um 11 Uhr sagte die Elfriede,
dass sie zur Welfenwerbung riete.
Von dieser Elf um 11 Uhr Peter
verschuldete dann den Elfmeter.
Um 11 stellte es der Arzt dar,
dass alles nur ein Notbehelf war.
Auch fiel um 11 Uhr diesen Zwei'n ein:
Das Ding muss nicht aus Elfenbein sein.
Es sollte dieser Tanz der Elfen
um 11 Uhr diesen Leuten helfen.
Dann sagte noch zu mir um 11 er:
„Ich fahre bald hinaus zum Schelfmeer."
Um 11 Uhr sie ihn wiederfanden,
den Ort Delft in den Niederlanden.

Frau H. und das Tschechische

Als ich neulich bei den Tschechen,
konnte ich dort Tschechisch sprechen,
denn ich war mir da im Klaren,
dass es wirklich Tschechen waren,
nicht wie damals eine Holde,
die mich dort nur ärgern wollte,
wo ich absolut nicht ahnte,
was sie da für Unsinn plante,
wo sie irre mich geleitet,
was ihr sehr viel Spaß bereitet;
und weil ich sehr spät erst spürte,
wie sie in die Irre führte,
macht die Sache noch bis heute
dieser Dame große Freude.

Frau Ebersbach

Wenn ich mal eine Pause mach,
denk oft ich an Frau Ebersbach.
Als ich in Zwickau Pfarrer war,
gehörte sie zu jener Schar,
die dort im Pölbitzer Gebiet
bei mir war'n als Gemeindeglied.
Ging als Besucher ich zu ihr,
dann wurde immer wohl gleich mir,
weil jedes Mal bei ihr dann da,
was ich jetzt schildern will, geschah.
Wenn sie den Klingelton vernahm
und schnell an ihre Tür dann kam
und mich als Person erkannt,
die da vor ihrer Tür jetzt stand,
kam Freude gleich in ihr Gesicht.
Ich spürte, wie ihr Herz da spricht;
und stets bei ihr und ihrem Mann
ein schöner Nachmittag begann.
Sie hat uns Kaffee dann gemacht
und etwas Kuchen auch gebracht,
und es gab dann an diesem Ort
so manches ehrlich klare Wort,
und es war jedem von uns klar,
dass das hier echte Freundschaft war,
wo man nicht auf sich selbst nur schaut,
vielmehr dem andern ganz vertraut;
weshalb ich stets in meinem Sinn
den beiden Leuten dankbar bin.

Utopie und Wirklichkeit

Wenn Utopisten Wünsche wecken
nach einer idealen Welt,
dann wird so mancher es entdecken:
Das ist etwas, das mir gefällt.

Doch wenn sich andere dranmachen,
zu tun, was da geschehen war,
entpuppen sich dann diese Sachen
als praktisch gar nicht durchführbar.

Und wenn die Leute langsam spüren:
hier findet nur noch Täuschung statt,
dann wird es diese dazu führen,
dass keiner mehr Vertrauen hat.

Man will dann nicht mehr andre lieben.
Man nicht mehr andern Freude schenkt.
Vom Egoismus nur getrieben,
ein jeder an sich selbst nur denkt.

Wenn darum Leute etwas sagen,
das auf den ersten Blick scheint gut,
soll man doch kritisch hinterfragen,
worauf denn, was man sagt, beruht.

Ist es nur menschliches Begehren,
dann sollte vorsichtig man sein
und lieber sich dagegen wehren,
als dass man darauf fällt herein.

Als Christ ich stets das dankbar schätze,
was Gott in Christus hat getan,
wenn ich auf Ihn die Hoffnung setze,
ist das kein leerer Menschenwahn.

Was einst zu Ostern ist geschehen,
als Jesus vom Tod auferstand,
wird auch für mich vonstattengehen.
Für mich den Tod Er überwand.

Nun steht für mich der Himmel offen.
Für mich steht Herrlichkeit bereit.
Durch Jesus Christus kann ich hoffen
auf Gottes Reich in Ewigkeit.

Falsche Komparative

Es kam einmal im Mai
nach Zwickau der Herr Maier.
Er fühlte sich dort frei.
So wurde er ein Freier.

Er trank auch dort ein Bit,
und das war ziemlich bitter.
Er machte einen Ritt
und wurde dann ein Ritter.

Er nahm sich einen Pfeil
und schoss ihn in den Pfeiler.
Dann nahm er einen Keil,
erschlug so einen Keiler.

Den Hammer, der dort lag,
nahm mit er in das Lager.
Die Anna, die er mag,
ist leider etwas mager.

Es lag auf einem Ast
einst eine schöne Aster.
Max ist uns eine Last
mit seinem großen Laster.

Er leistete den Eid
in Schleswig an der Eider.
Er hatte keinen Schneid
und wurde dennoch Schneider.

Das Wetter war so lau.
Da lag er auf der Lauer.
Doch sah er keine Sau.
Da wurde er bald sauer.

Als einen Fisch er fing,
sah ich auf seine Finger.
Er trug da einen Ring.
So wurde er ein Ringer.

Die Leuchtenburg

Leuchtenburg, ach, leuchte Du!
Rufe damit Menschen zu:
Es gibt doch für Euch ein Licht,
das die Dunkelheit durchbricht.
Lasst doch bitte dessen Schein
bis in Euer Herz hinein!
So wie dieses Licht dann strahlt,
macht die Mühe sich bezahlt.

Gott und wir

Es denkt mancher in der Tat:
Gott – das ist ein Apparat.
Drücke ich den Schalter ein,
muss Er mir zu Diensten sein.

Wenn Er sich nicht so verhält,
wie es jeweils mir gefällt,
dann wird Er für tot erklärt,
weil Er nicht mehr scheint von Wert.

So zu denken, ist sehr dumm,
denn man dreht da alles um.
Gott ist Herr, und Er bestimmt,
wie etwas den Fortgang nimmt.

Jeremia (18, 1–6) lehrte schon:
Gott ist Töpfer, wir sind Ton,
sodass Gott mit jedermann
das, was Er will, machen kann.

Und wenn Gutes Er beschert,
ist das größte Ehrung wert.
Und was uns nicht bringt Genuss,
duldend man ertragen muss.

Jeder Christ weiß, väterlich
wendet Er zu uns stets sich.
Was Er für und an uns tut,
ist am Ende immer gut.

Denn Er hat mit uns im Sinn,
dass Er uns zum Ziel führt hin,
wo bei Gott man allezeit
lebt in großer Herrlichkeit.

Islam und Christentum – Rache oder Liebe

Wenn hier Moslems dieses lehren,
sollte man dem schärfstens wehren
und drauf sehen, dass Gesetze
hier bei uns man nicht verletze:
Frauen sollte man ermorden,
wenn sie untreu sind geworden,
und es gilt auch solches Wehe
schon für Frauen vor der Ehe.
Wenn sich Mädchen Freundin nennen
und von ihren Freunden trennen,
haben sie das Recht auf Leben
in des Mannes Macht gegeben,
und es liegt in dessen Händen,
es brutal dann zu beenden.

Christen sollten solchen Fällen
Folgendes entgegenstellen:
Jesus hat uns vorgeschrieben,
alle Menschen recht zu lieben,
ohne ihnen vorzuschreiben,
ob sie unsre Freunde bleiben.

Jeder kann dabei auch lesen,[2]
wie es einstmals ist gewesen,
als man eine Frau sich schnappte,
die als untreu man ertappte,

---

2 vgl. Johannes 8, 3–11

und sie dann zu Jesus brachte,
dass Er da sein Urteil machte
und das Todesurteil spreche,
dass man dieses Unrecht räche.

Er gab im Bezug auf diese
aber allen die Devise:
Wer nie Sünde hat begangen,
hat das Recht, jetzt anzufangen,
dass er hier mit aller Schärfe
schwere Steine auf sie werfe.
Doch es ließ sich niemand finden,
der als Mensch ganz ohne Sünden.
Und genauso ist es heute,
Sünder sind doch alle Leute.
Man soll Unrecht nicht verschweigen,
doch Barmherzigkeit stets zeigen,
soll, anstatt die Menschen hassen,
stets die Liebe walten lassen.

Herr Peter Krause

Gern sag ich zu jedermann:
Schaut Euch Krause, Peter an!
Wie er sich im Garten müht,
dann da alles grünt und blüht,
dann man da bei Kohl und Kraut
nicht auch auf das Unkraut schaut,
dass der schöne Rosenduft
dort erfüllt die ganze Luft,
dass man übern Gartenzaun
gern stets kann hinüberschaun.
Dass viel bringt das Erdbeerbeet,
wenn es um das Ernten geht.
Und bei ihm ein jeder Strauch
hat dann sehr viel Beeren auch,
dass auch alles sicher ist,
dass es nicht die Schnecke frisst!
Stets im Frühling bei der Saat
achtet er ganz akkurat,
dass es so vonstattengeht,
wie's im Gärtner-Lehrbuch steht.
Es macht ihm auch nicht Verdruss,
dass er manchmal gießen muss,
weil die Pflanze es ihm dankt
und nicht manchmal mit ihm zankt,
wenn zu ihr er mal nicht gut –
wie das eine Frau oft tut.

Peter hält den Garten wert,
weil viel Freude er beschert.
Wünschen wir ihm alle Kraft,
dass er lange das noch schafft.

Verschiedene Urteile

Wenn ich mal was gedichtet hab,
um andern es zu bieten,
dann war die Antwort, die man gab,
für mich doch sehr verschieden.

So mancher hatte das Gespür
und sprach von gutem Werke.
Er lobte ehrlich mich dafür,
für des Gedichtes Stärke.

Jedoch auch manchen ließ der Neid
da andre Wege gehen.
„Du, Manfred, hast wohl zu viel Zeit“,
gab man mir zu verstehen.

Krankenhausgedanken

Ich schließe für das Krankenhaus
jetzt nicht mehr den Gedanken aus,
dass bald man wegen Bettennot
nicht andre mehr zu retten droht.

Posaunenchorjubiläum

In Leipzig hat es sich begeben,
was ich da kürzlich konnt erleben.
In der Gedächtniskirchgemeinde
sich ein Posaunenchor vereinte,
vor 70 Jahren einst entstanden
und heute immer noch vorhanden.
Er hatte deshalb dies beschlossen:
Das Jubiläum wird genossen.
Und weil auch ich dort blasen lernte,
von Leipzig aber mich entfernte,
hielt man es dort dann für geraten,
auch mich zur Feier einzuladen.
Um mitzublasen bei der Fete,
gab man mir sogar 'ne Trompete,
mit der ich dann auch manchmal übte,
dass ich die andern nicht betrübte.
Dann bin nach Leipzig ich gefahren,
wo immer unsre Proben waren.
Weil die Geburtsstadt ich besuchte,
ich dort auch Übernachtung buchte,
wo diesem Jubiläum wegen
mein lieber Bruder auch zugegen.
So war ich dann auf alle Fälle
zur rechten Zeit an rechter Stelle.
Wir gingen aus besagtem Grunde
zur Kirche hin zur Feierstunde,
und als wir hatten dort geblasen,
im Garten wir beisammensaßen,
gegrillte Bratwurst dort verzehrten
und manche Flasche Bier auch leerten,

auch an die Kirchenblättchen dachten
und dort ein Gruppenfoto machten.
So waren es sehr schöne Stunden,
zu denen wir uns eingefunden.

An N. N.

Es sollen nicht die andern denken,
dass zwischen uns mal etwas war.
Doch konntest Liebe Du verschenken,
und so etwas ist wunderbar.
Es sprachen bei Dir Deine Augen.
Viel Worte brauchte es da nicht.
Ich konnte fast mich fest da saugen.
Ich spürte, wie das Herz da spricht.

Dass ich das Leben ausgehalten
bei allem Ärger, den es gab,
das liegt an solchen Lichtgestalten,
wie ich in Dir gefunden hab.

Doch will ich jetzt nicht übertreiben.
Ein Sünder bist gewiss auch Du.
Doch will ich stets Dir dankbar bleiben,
bis einmal ich im Grabe ruh.

Ein SPD-Dilemma

Meine beste Freundin Emma
sprach vom SPD-Dilemma:
Ich war jetzt zum ersten Male
in der SPD-Zentrale,
und ich sah dort die Genossen,
wie sie saßen so verdrossen,
weil inmitten der Parteien
Sozis nicht die Stärksten seien,
sondern jetzt in unsern Tagen
bei der Wahl weit abgeschlagen;
und auch der, den froh man kürte,
doch nicht zum Erfolg sie führte.
In der Mitte dieses Saales
klang dann laut der Ruf nach „Nahles“,
und dass Schulz, der alte Recke,
sie doch jetzt am A(-Punkt) lecke,
weil doch keiner seine Wende
zu Frau Merkel hin verstände
und man keinen Grund da wüsste,
als bestimmte Machtgelüste,
die doch der Partei nichts nützen
und man nicht darf unterstützen.
Ein Genosse es dann wagte,
dass er diese Worte sagte:
Durch so einen Mann wie diesen
kommen wir doch nur in Krisen
und wir schreiten Seit' an Seite
in die nächste große Pleite,
stürzen bei den Wahlen wieder
auf die nächste Tiefe nieder.
Kommt so bei der nächsten Wahl es,
stürzen dann wir die Frau Nahles.

Epilog:

Ich hatte nicht daran gedacht,
dass man so schnell das mit ihr macht.
Jedoch ist falsch, wenn jemand spricht:
„Du hast auch Schuld mit dem Gedicht“,
weil es, als dieses dann fand statt,
noch beim Verlag geschlummert hat.

Von meiner Geburtsstadt Leipzig

Als ich einmal in Mockau war,
ging ich dort in die Mokka-Bar.
Ich liebe diese schöne Welt,
am meisten aber Schönefeld.
Im Sommer ich mit Wonne sitz
im Garten dort in Connewitz.
Kommt man in Sellerhausen an,
man oft dort schneller sausen kann.
Er spielte nach dem Tee Klavier,
das hörten einst in Thekla wir.
Sehr viel Leute fahren meist
zum Stadtteil hin, der Wahren heißt.
Abtnaundorf hat jetzt keinen Abt,
vielleicht ihn früher mal gehabt.
Hier diese Leute meckern sehr,
sind sie vielleicht von Möckern her?
Es ging eine wenig schon bergan,
da kamen sie in Thonberg an.
Es sind die, die ihn finden, schlau;
er wohnt versteckt in Lindenau.
Auch manchmal gibt in Leutzsch es Neid,
wenn anderswo erneut es schneit.
Er wollte nicht, jedoch er kann,
das sprach er in Großzschocher an.
Schon seit zehn Jahren stottert Fritz,
drum wohnt er jetzt in Stötteritz.
Es waren mal in Gohlis wir,
da sagte er: Wie wohl is' mir!
Bei Volkmarsdorf ging 's Dichten schlecht,
doch dachte ich, dem Volk war's recht.
Fällt irgendwo mal neu Kitsch an,
verkauft dann es in Eutritzsch man.

Ein schöner Abend mit Diana

Weil zur Diana schon seit Jahren
zu dritt wir in den Urlaub fahren,
drum hielten wir es für geraten,
sie mal am Abend einzuladen,
um eine Flasche Wein zu leeren,
der hergestellt aus Heidelbeeren.
So trafen wir uns mal am Abend,
schon Abendbrot gegessen habend,
und fingen an, auch das zu reden,
was nicht bestimmt für einen jeden.
Wir konnten auch ganz ehrlich sprechen
von eigner Schuld, von eignen Schwächen;
So konnte jeder voll Vertrauen
tief in das Herz des andern schauen.
Wir wussten, dass, wenn das geschehen,
wir dann noch besser uns verstehen
und wir uns künftig bei Beschwerden
noch besser liebend helfen werden.
Als nach dem herrlichen Genießen
wir die Diana dann verließen,
da dachte ich zu ihrer Ehre:
„Wenn sie doch meine Mutter wäre!“

Kirchenkritisches – positiv gemeint

Das ist's, woran die Kirche krankt,
was wir zu korrigieren haben:
Es wird zu wenig Gott gedankt,
für alle Seine Gnadengaben.

Und darum wird auch viel geirrt
bei allem klugen Überlegen,
weil wenig nur gebetet wird
um Gottes Geist und Seinen Segen.

Wenn unsre Kirche nur nach Geld,
das sie empfangen möchte, trachtet,
dann ist sie nur noch Teil der Welt
und wird von ihr mit Recht missachtet.

Wenn Kirche auf sich selbst nur schaut,
entstehen keine Wunderwerke;
nur wenn sie völlig Gott vertraut,
entstehen Zeichen Seiner Stärke.

Warum es nicht recht vorwärtsgeht,
warum man nicht erreicht die Massen:
weil Christus nicht im Zentrum steht
bei heut'ger Christen Tun und Lassen.

Man tagt jetzt in der Kirch viel
und redet da von vielen Dingen,
jedoch recht wenig von dem Ziel,
zu dem uns Christus hin will bringen.

Es wird vom Zeitgeist her bestimmt
die Lösung unsrer heut'gen Fragen,
anstatt dass man zu Kenntnis nimmt,
was uns die Bibel hat zu sagen.

Wenn jeder jetzt sich, der ein Christ,
im Glauben ganz will Gott ergeben,
schon bald auf Erden spürbar ist,
was man da geistlich kann erleben.

Marias Lobgesang und wir (Luk. 1,48)

Wenn immer wieder es geschieht,
dass man als Mensch dich übersieht,
Weil allgemein man von dir meint,
dass dein Gesicht nicht hübsch erscheint –
und heutzutage achtet viel
beim Menschen man auf Sex-Appeal –,
wenn du nicht stark und auch nicht groß
und scheinbar nicht viel mit dir los,
wenn du bei scheinbar wenig Kraft
auf keinen Fall wirkst heldenhaft,
wenn du mit scheinbar wenig Geist
auch gar nicht klug zu reden weißt
und du auch viel zu ehrlich bist
um mehr zu scheinen als man ist,
dann denke immer auch daran:
Es sieht dich Gott sehr gnädig an.
Du bist bei Ihm doch so viel wert,
dass Er dir gern Sein Heil beschert,
dass liebevoll Er an dich denkt
und, wenn du willst, mit dem beschenkt,
das Jesus Christus uns erwarb,
der am Karfreitag für uns starb
und dadurch hat das Werk vollbracht,
das von der Sünde frei uns macht,
der von dem Tode auferstand,
damit wir dann an Seiner Hand
auch von dem Tode auferstehn
und ewig Ihn im Himmel sehn.

Wenn dies du stets vor Augen hast,
erträgst du der Missachtung Last.

Sächsisches Kirchendrama

Die SPD und AFD
sich beide darin gleichen:
Man sprach zum Vorsitzenden „Geh!
Du musst vom Vorsitz weichen.

Dem machte es die Kirchen nach.
Es gab ein Kesseltreiben,
bis auch der Landesbischof sprach:
„Ich will im Amt nicht bleiben.“

Doch nun schritt die Gemeinde ein,
begann man sich zu melden:
Soll nicht die Kirche anders sein,
nicht Gottes Willen gelten?

Wie Jesus sprach, soll liebevoll
ein Mensch sich stets verhalten;
und der, der schuldig wurde, soll
Vergebung dann erhalten.

Wenn nicht die Kirche neu beginnt,
sich Jesus zuzuwenden,
die Folgen bald schon diese sind:
Sie wird im Elend enden.

Eine schlechte Frau

Als ich den Albert jüngst getroffen,
war augenscheinlich er besoffen,
und das, was er mir dann erzählte,
war etwas, das ihn furchtbar quälte.
Er sprach mit trauervoller Miene:
Es geht um eine Frau, Christine,
von der ich allen Ernstes dachte,
dass sie mich lange glücklich machte,
indem sie sich mit mir verbunden,
Doch diese Dame ist verschwunden.
„Ich hatte“ – sagte sie beim Gehen –
„Es auf Dein Geld nur abgesehen.
Das habe ich ja nun bekommen.
Ich habe sehr Dich ausgenommen.
Du wirst kein Geld mehr bei Dir finden,
und deshalb werde ich verschwinden.
Du musst mich aus dem Herzen streichen,
wirst Du mich bei' 'nem andern sehen,
bei dem dann wieder die Moneten
durch mich dann werden flöten gehen.
So lange es wird Männer geben,
genieße so ich jetzt mein Leben
und überlasse andern Frauen
das bei den Männern zu verdauen.“

Bitte an N. N.

Lass mich doch ohne zu erschrecken
bei Dir auch manche Schuld entdecken,
denn es gilt auch in Deinem Falle
wie auch für mich und für uns alle,
dass neben Leistungen auch Sünden
sich doch bei jedem Menschen finden.
Doch fühlen Menschen, welche lieben,
sich zur Vergebung da getrieben,
weil sie den andern gern gewähren,
was sie auch für sich selbst begehren,
dies als Befreiung zu erleben:
Was da an Schuld war, ist vergeben.
So kann ein echtes Schuld Verzeihen
ein doppelt Glücksgefühl verleihen,
weil den, der liebend das vollbrachte,
es selbst im Innern glücklich machte.